Das Heilige im Alltag wieder entdecken

Spirituelle Ökologie in der Praxis

LLEWELLYN VAUGHAN-LEE, Dr. Phil., ist ein Sufi-Lehrer und Autor. In den letzten Jahren lag der Schwerpunkt seines Schreibens und Lehrens auf der spirituellen Verantwortung in unserer heutigen globalen Krise (www.working-withoneness.org) und auf spiritueller Ökologie (www.spiritualecology.org). Er ist Autor zahlreicher Bücher. Er war zu Gast bei Oprah Winfrey in der Serie *Super Soul Sunday* und trat in der Fensehserie *Global Spirit* von PBS auf.

Das Heilige im Alltag wieder entdecken

Spirituelle Ökologie in der Praxis

Llewellyn Vaughan-Lee
und Hilary Hart

Oneness Center Publishing

Übersetzung: Franziska Espinoza
Illustrationen: Joumana Medley

Impressum

Die amerikanische Originalausgabe erschien unter dem Titel
»Spiritual Ecology, 10 Practices to Reawaken the Sacred in Everyday Life«
bei The Golden Sufi Center,
P.O. Box 456, Point Reyes, California 94956

Lektorat: Claudia Lehnherr
Illustrationen © Joumana Medley, www.majnouna.com
Buchgestaltung: Greta Horn
Herstellung: BoD – Books on Demand, Norderstedt
www.oneness-center.ch
www.goldensufi.org

ISBN 978-3-9523830-5-6

Inhalt

Die Samen der Freude finden sich überall im Leben.

Einleitung

Spirituelle Ökologie ist entstanden, weil es eine spirituelle Antwort auf unsere gegenwärtige ökologische Krise braucht. Ohne eine spirituelle Dimension in unserer Antwort auf den »Ruf der Erde«, laufen wir Gefahr, das gleiche materialistische Paradigma, das den konsumgetriebenen Ökozid geschaffen hat, aufs Neue zu schaffen. Unser Buch *Spirituelle Ökologie: Der Ruf der Erde* ist dieser Not entsprungen. Viele Menschen, insbesondere junge Leute, haben nach dem Lesen des dringlichen Aufrufs von spirituellen Lehrern, Wissenschaftlern und indigenen Führern vieler verschiedener Traditionen, dass wir zu der Verbundenheit mit dem Heiligen zurückkehren sollen, gefragt: »Was soll ich tun?« Dieser kleine Band *Das Heilige im All-*

tag wieder entdecken – Spirituelle Ökologie in der Praxis schlägt eine Anzahl einfacher spiritueller Praktiken vor, die dazu dienen, unsere Verbindung zum Heiligen im täglichen Leben wiederherzustellen.

Als ich bei meiner Lehrerin ankam, war ich neunzehn und arg mitgenommen von einer seelenlosen, materialistischen Welt, die das Heilige und ganz besonders das Heilige in der Schöpfung missachtet. Die erste Praxis, die ich von ihr erhielt, war die »Vergegenwärtigung Gottes im praktischen Leben« wie Bruder Lorenz, ein Carmelitischer Laienmönch im 17. Jahrhundert diese beschrieben hat. Bruder Lorenz war ein Soldat und Abenteurer gewesen, und ihm war nicht erlaubt, als Mönch zu ordinieren; doch er arbeitete im Kloster, meist in der Küche. Er entwickelte eine einfache und kraftvolle Praxis der Vergegenwärtigung des Göttlichen im alltäglichen Tun. Er wusch die Kartoffeln mit Gott, schnitt die Karotten mit Gott, verrichtete alle seine täglichen Aufgaben mit Gott, bis die Gegenwart Gottes jeden Aspekt seines Lebens durchdrang. Diese Praktik, die das Göttliche, das Heilige in all unseren Aktivitäten feiert, umfasst in verschiedener Hinsicht alles, was wir brauchen, um uns die heilige Natur der Schöpfung wieder zu vergegenwärtigen.[1]

Ich hatte mit sechzehn zu meditieren begonnen, doch dies war die erste spirituelle Praxis, die mich auf die äußere Welt ausrichtete, auf eine Erfahrung des Heiligen in der physischen Welt um mich herum und unter meinen Füßen. Dadurch lernte ich, dass wir in der äußeren Welt der Formen durch die Erfahrung der Sinne das Göttliche, das allem, was existiert, innewohnt, erfahren und erkennen können. Wir können uns dem wirklichen Mysterium der Schöpfung, das die Sufis »das Geheimnis des Wortes ›*Kun!*‹ (›Sei!‹)« nennen, annähern.[2]

Als ich also in Bezug auf *Spirituelle Ökologie* der Frage nachging, was man denn tun soll, wurde mir bewusst, dass wir zuerst zur heiligen Natur der Schöpfung zurückkehren und uns mit ihr wiederverbinden müssen. Nur auf Grundlage dieser gelebten Beziehung können wir den Versuch machen, die Welt wieder in Harmonie zu bringen, zu heilen und wiedergutzumachen, was unsere zeitgenössische Kultur mit ihrer Gier und ihrem seelenlosen Materialismus zerstört. Unsere äußeren Handlungen müssen auf dieser inneren Verbindung gründen.

Mir wurde auch klar, dass ich, seitdem ich zu meiner Lehrerin gekommen und die Vergegenwärtigung Gottes zu praktizieren begonnen hatte, einige Praktiken entwickelt hatte, die mich dabei unterstützten. Und Hilary Hart war so freundlich, zum Abschluss der jeweiligen Texte Übungen zu entwickeln und dem Leser, der Leserin zu helfen, sich eingehender mit diesen Praktiken auseinanderzusetzen.

Nicht mit aufgenommen in diese zehn Praktiken habe ich den auf viele Weisen einfachsten und offensichtlichsten und für viele Menschen heilsamsten Weg: Zeit in der Natur zu verbringen. Der Aufenthalt in der Natur, herumwandern oder sitzen, sind direkte Wege, um sich wieder mit der Schönheit, dem Wunder und einem Gefühl für das Heilige zu verbinden. Ohne Jacke im Wind stehen, den Mond wirklich betrachten und die Sterne sehen, dem Wasser eines Flusses zuhören, in einem Stadtpark voller Bäume und Blumen sein, holt uns aus uns selbst heraus. Wir spüren, was unsere zeitgenössische Kultur nur zu leicht verdeckt, und durch Widerspiegelung werden wir zu unserer essentiellen heiligen Natur zurückgebracht. Doch ich möchte mit diesen Praktiken aufzeigen, dass »Natur« nicht auf eine Landschaft oder einen Ort beschränkt ist, sondern die ganze Zeit um uns herum und in uns ist. Wir müssen nicht in einem Auto, mit dem Fahrrad oder dem Zug irgendwo hinreisen, um diese Verbindung zu finden, sondern können zulassen, dass sie in unserem Alltag lebendig wird, mit jedem

Atemzug, mit jedem Schritt. Das Heilige ist kein Ort zum Hingehen, sondern ein *Seinszustand*.

Es sind einfache Praktiken, um zum Heiligen in unserem täglichen Leben zurückzukehren. Es sind nicht spezifische Praktiken des Sufismus, auch wenn sie von der Liebe und dem Bewusstsein, die zum Sufi-Pfad gehören, beeinflusst sind. Ich hoffe, dass die Leserinnen und Leser sie hilfreich finden – als Hinweise, sich wieder mit dem heiligen Fundament allen Lebens zu verbinden.

Gehen

Gehe als würdest du die Erde mit deinen Füßen küssen.

Thich Nhat Hanh

1

Gehen

Schon immer bin ich gerne frühmorgens spazieren gegangen. Ich liebe es, bei Tagesanbruch die Erde zu spüren, Ihren Puls und Ihre Schönheit und Magie zu fühlen, noch bevor Gedanken und alles, was zu tun ist, den Tag randvoll füllen. Ich wache in der Frühe auf, trinke eine Tasse heißen Tee und meditiere in Stille. Und dann, sobald das erste Licht anbricht, spaziere ich den Hügel hinunter zu der Straße neben dem Wattgebiet, an dem ich wohne. Manchmal funkelt der Frost um mich herum, manchmal bedecken Nebelschwaden das Wasser, vor dem Schilf taucht weiß ein Reiher auf. Dies ist eine andere Form der stillen Meditation: Gehen, atmen, die Erde fühlen. Ich versuche, so leer wie möglich, einfach im Dämmerlicht gegenwärtig, meiner Umgebung gewahr zu sein. Gebet, Meditation, Präsenz, Gewahrsein – dies sind nur Worte für eine Praxis, die mich tief in das Mysterium versinken lässt, das wir Natur nennen. Hier spricht das Heilige in seiner eigenen Sprache zu mir und ich versuche zu lauschen.

Heute lebe ich neben dem Watt, und Ebbe und Flut sind Teil dieser Begegnung, dieses innigen Austausches. Zu anderen Zeiten, in anderen Landschaften waren es die Flüsse und Bäche, der Flügelschlag der Wasservögel, das Morgenrot über den Wiesen. Oder in den Wäldern, mit einem anderen Chor von Vögeln, Tieren, die über den Weg huschen, eine Rehkuh und ihr Kitz. Immer ist es ein lauschendes Gewahrsein, eine tiefe Empfänglichkeit für das, was mich umgibt, eine Ehrerbietung für eine von Menschen ungestörte Welt. Es ist eine Erinnerung an das, was essentiell und elementar ist, und diese Nahrung trägt mich durch den Tag. Es ist eine Rückkehr zum Heiligen, zum Erspürten und Gefühlten, ohne Worte und Gedanken – ein ursprüngliches Bewusstsein, wie dem ersten Tag entsprungen.

Dies ist eine Praxis, die mich schon seit meiner Jugendzeit begleitet. Als ich zu meditieren begann, hatte ich auch den Drang zu gehen. Es wurde mir nicht gelehrt, ich habe es nicht gelernt, es kam als ein Bedürfnis, eine Seinsweise, ein Gegenmittel für so vieles in der Welt um mich herum – eine Welt von Menschen und Problemen, Anforderungen und Verlangen. Wenn ein Fuß auf den anderen folgt und der Tag noch kaum angebrochen ist, scheinen diese Erfordernisse mich nicht berühren zu können, so als wäre ich eingetaucht in etwas Einfacheres, Grundlegenderes. Einen Fuß nach dem anderen auf die Erde zu setzen, ist eine Praktik, jedoch eine, die aus mir selbst entstanden ist, und nicht von einem Buch oder einem Lehrer stammt. Später habe ich erfahren, dass man dies »Gehen in heiliger Weise« nennt – und diese Praxis ist heilig, ist eine Rückkehr zu dem, was heilig ist. Doch es ist noch tiefer oder ursprünglicher als es jeder Zweck sein könnte. Die Natur spricht zu mir und ich höre zu. Die Natur ruft und etwas tief in mir antwortet. Alles, was ich tun muss, ist Raum geben. Ich bin Teil eines Lebens, das viel größer ist als »ich«.

Die Erde trägt und nährt uns: die Luft, die wir atmen, die Nahrung, die wir essen. Sie ist großzügig auf so viele Arten und Weisen, auch dann noch, wenn wir Sie vergessen haben oder Sie misshandeln. Doch da ist auch diese tiefere Nahrung, dieses unsichtbare, ungreifbare Geben. Mein Spaziergang am frühen Morgen ist eine Kommunion – wenn ich empfänglich bin, ist es Wein, in tiefer Andacht getrunken. Die Erde wird durch Ihre Landschaft ein Teil von mir: Das Moos, das von den Bäumen fällt, weiße und rosa Blüten, die den Frühling begrüßen, der Schrei eines Seevogels. Die ersten Sonnenstrahlen sind immer ein Segen. Es ist nicht mein Verstand, der dies versteht, es ist meine Seele, die es fühlt, die es braucht. Wir sind wieder zurück am Anfang, in dieser elementaren Welt, die wir nie wirklich verlassen haben. Unsere zeitgenössische Kultur mag diese Kommunion vergessen, verleugnet, überdeckt haben, mag behaupten, dass wir ihrer nicht mehr bedürfen. Doch meine Seele und meine Füße wissen, dass dem nicht so ist. Dies ist die Landschaft der Seele, genauso wie es das Watt ist, das sich dem Ozean entgegenstreckt. Genauso wie es irgendeine Landschaft ist, in der wir gehen. Ein Spaziergang in den Straßen einer Stadt besteht aus den gleichen Elementen: Den Füßen, welche den Boden berühren, dem Rhythmus des Gehens, dem Atmen, dem gleichen Himmel über uns, dem Wind, der das Gesicht berührt.

Ich würde gerne sagen, dies sei leicht. Doch so oft muss ich mich erinnern, mich wieder zu verbinden, meinen Geist freizumachen, von dem, was den kommenden Tag anfüllen wird, von meinen Alltagsgedanken. Ich muss an einem Ort des Gewahrseins bleiben, meine Füße spüren, die Luft fühlen, lauschen. Ich muss mich erinnern, dass ich nicht getrennt bin, sondern Teil von allem, was mich umgibt. Ich muss diesen großen Mythos der Trennung, diese große Unwahrheit, auf die Seite schieben. Wir sind die Luft, die wir atmen, die Erde, die wir berühren, das eine gleiche Leben, das auf so vielen Weisen lebendig ist. Wir sind die Erde, die frühmorgens erwacht, so wie wir die Knospen sind, die sich im Frühling in aller Farbenpracht entfalten. Ganz lebendig zu sein bedeutet zu fühlen, dass wir Teil dieses umfassenden Mysteriums sind. Mein Morgenspaziergang ist eine Erinnerung, eine Wiederverbindung: im Körper erfahren und gefühlt in der Seele.

Gehpraxis

Der Akt des Gehens festigt unsere Verbindung zur Erde. Wenn wir uns auf den Rhythmus unserer Füße, das Schwingen unserer Arme, das Ein- und Ausatmen, die Weise, wie das Gehen uns durch Raum und Zeit trägt, konzentrieren, hilft uns dies, diese Verbindung zu entwickeln, uns bewusst und unbewusst daran zu erinnern, dass wir so selbstverständlich Teil der Natur sind. Die Natur ist zyklisch und rhythmisch und Gehen – wenn wir nicht auf das Ziel fokussiert sind – bringt uns in Einklang mit dieser nicht-linearen Wirklichkeit.

Eine Gehpraxis beginnt man am besten alleine, um so die Intimität der Kommunikation mit der Natur ohne Ablenkung erfahren zu können, so wie wir zu Beginn einer Beziehung mit dem Geliebten alleine sein und diese Begegnung mit niemandem teilen möchten. Wähle eine Zeit, wenn du allein sein kannst und es dir möglich ist zu lauschen, zuzuhören, zu fühlen. Vielleicht zu Tagesbeginn oder am Ende eines Tages, bevor der Lärm des Alltags beginnt oder wenn er wieder nachlässt. Vielleicht ist es während einer Mittags- oder einer Nachmittagspause etwas schwieriger, doch wenn du dann Zeit hast, lass den Spaziergang so lange dauern, dass es dir möglich ist, dich von den Gedanken und Anspannungen des Tages freizumachen.

Schalte das Handy aus, oder lass es am besten gleich zu Hause oder im Büro. Unsere alltäglichen Sicherheitsvorrichtungen, wie das Handy, schützen uns vor der Verletzlichkeit, die mit der Lebendigkeit einhergeht. Wenn du ohne diesen Schutz und die ständige Erreichbarkeit, die sie uns bieten, sein kannst, probiere es aus. Die sozialen Medien werden darauf verzichten können, dass du deinen Spaziergang dokumentierst.

Suche dir einen Park oder einen Pfad durch einen stillen Wald, wenn dir dies möglich ist. Lass den Rhythmus deiner

Schritte deinen Geist besänftigen und schaffe einen Raum, um zu lauschen. Spüre, wie deine Füße sich mit der Erde verbinden, wie die Luft sich durch deine Lungen bewegt. Folge deiner Aufmerksamkeit, während sie sich nach innen und gleichzeitig nach außen wendet – zu den inneren Bewegungen deines Körpers und dem Gefühl von Wärme oder Kälte, dem Anblick von Vögeln, dem Geräusch eines Flugzeugs in der Ferne. Lass deine Gedanken und Eindrücke durch dich hindurch und hinaus ziehen und Teil des natürlichen Rhythmus des Gehens werden. Genauso wie wir in der stillen Meditation zum Atem zurückkehren, so richten wir unsere Aufmerksamkeit wieder auf die Füße und darauf, wie sie den Boden berühren und sich wieder von ihm abheben.

Begib dich, wenn möglich, täglich auf einen Spaziergang. Gehe ohne Erwartung, mit einer Haltung von Offenheit und Dankbarkeit. Wenn du in dir eine Sehnsucht verspürst – ein Bedürfnis, dich zu verbinden, ein Verlangen, der Natur näher zu sein – lass dich davon anregen und leiten.

Der Existentialist Søren Kierkegaard, ein Philosoph des 19. Jahrhunderts, schrieb einmal in einem Brief an seine Nichte: »Jeden

Tag spaziere ich mich selbst in einen Zustand von Gesundheit und entferne mich von jeglicher Krankheit. Ich habe mich selbst in meine besten Gedanken hineinspaziert, und ich weiß von keinem Gedanken, so belastend er auch sein mag, welchen man nicht ›wegspazieren‹ kann.«

Atmen

Atme langsam, still und natürlich.
Wenn du durch die Nase einatmest,
dehnt sich der Bauch sanft aus.
Wenn du durch den Mund ausatmest,
entspannt er sich, ohne Anstrengung.

Stell dir bei jedem Einatmen vor, dass
du die reine Energie des Universums einatmest.
Sie breitet sich in deinem ganzen Körper aus, erfrischt
und belebt dich. Mit jedem Ausatmen setzt du die
alte, nicht benötigte Energie frei.

Taoistische Atempraxis[3]

2

Atmen

Atmen ist leben. Atmen wir nicht, sind wir nicht lebendig. Atmen ist, gemeinsam mit dem Herzschlag, der ursprünglichste Rhythmus unseres Lebens. Mit jedem Atemzug führen wir den benötigten Sauerstoff in unser Blut und unseren Körper. Doch wie viele von uns atmen bewusst, sind sich ihres Atems gewahr?

Meine Lehrerin wurde in Indien geschult und sie lehrte mich eine yogische Atmung: Wenn du einatmest, spürst du, wie der Bauch sich weitet, wenn du ausatmest, geht er wieder zurück. Dies Art und Weise des tiefen und bewussten Atmens unterscheidet sich grundlegend von der oberflächlichen Atmung jener, die von ihrem Leben so vereinnahmt sind, dass sie sich ihres Atems kaum bewusst sind und vergessen haben, tief zu atmen oder in ihrer Unverbundenheit vergessen haben, in der Tiefe zu leben. Seither atme ich immer so, wie es mich meine Lehrerin gelehrt hat. Es ist eine zutiefst reinigende Praxis. Und wie alle wirklichen Praktiken wird das, was mit Anstrengung und Aufmerksamkeit beginnt, einfach eine Art zu leben, eine natürliche Weise zu atmen. Der Lehrer meiner Lehrerin, der eine traditionelle Schulung erhalten hatte, atmete während der Meditation weder ein noch aus. Er atmete »innerlich«, so dass der Atem seine Meditation nicht störte. Solche yogischen Techniken beherrsche ich nicht, doch das einfache Gewahrsein des Atems, das Ausdehnen und Zusammensinken des Bauches sind für mein Leben von zentraler Bedeutung. Es ist so einfach und doch so tiefgründig.

Der Atem ist für alle spirituellen Praktiken über alle spirituellen Traditionen hinweg von grundlegender Bedeutung.[4] Die Yogis praktizieren *Pranayama*, die Kontrolle des Atems. Die Taoisten nutzen die Kontrolle des Atems, um ihr *Chi*, ihre Lebenskraft, zu verstärken. Die Vipassana Meditation beginnt mit dem Fokussieren auf den Atem, damit man sich konzentrieren und den Verstand freimachen kann. Die *Dhikr* der Sufi werden gesungen oder mit dem Atem wiederholt. Das

Jesus-Gebet, das in der orthodoxen Kirche praktiziert wird, wird ebenfalls in Verbindung mit dem Atem wiederholt. Meine eigene Naqshbandi Sufi Tradition lehrt die Achtsamkeit des Atems als Grundlage der inneren Arbeit: »Je bewusster wir uns des Atems sein können, desto machtvoller ist unser inneres Leben.«[5]

Die Seele beheimatete man lange im Atem und manchmal wird sie als Atemkörper visualisiert. Die Sufi-Lehren besagen, dass die Seele mit jedem Ausatmen in den Körper eintritt und mit jedem Einatmen zur spirituellen Dimension zurückkehrt. Deshalb heißt es, der letzte Atemzug eines sterbenden Menschen sei eine Einatmung. Beim Einatmen kehrt die Seele auf ihre Ebene zurück und kommt nicht mehr in den Körper zurück.[6] Während unseres Lebens reist die Seele mit jedem Atemzyklus in diese Welt und wieder zurück zur Quelle. Spirituell gesehen streben wir danach, uns dieser Reise bewusst zu werden. Es ist das gelebte Gebet der Seele, die Darbringung von uns selbst an das Mysterium des Lebens und seine allesumfassende Beziehung zum Göttlichen. Mit jedem Atem verbinden wir bewusst die beiden Welten, die Welt des Geistes und die physische Welt. Wir sind gegenwärtig in dieser Liebesbeziehung zwischen dem Schöpfer und der Schöpfung.

Doch heutzutage sind wir uns der Verbindung der Liebe zwischen den Welten, zwischen Geist und Materie nicht mehr bewusst. Während wir uns kollektiv gegenseitig darin bekräftigen, dass die materielle Welt alles ist, was existiert, hungert unsere Welt nach spiritueller Nahrung. Unser Bewusstsein schafft so eine Barriere zwischen den Welten, anstatt uns zu helfen, Innen und Außen zu verbinden. Wir halten die Seele der Welt (das spirituelle Prinzip in der Materie) von der manifestierten Welt fern, wir dämmen den Fluss des Geistes in die Materie und die bewusste Verbindung der Seele zur äußeren Welt geht verloren. In diesem Prozess spaltet sich die Weltseele, die *Anima Mundi*, immer weiter von der äußeren Welt ab.

Der Atem verbindet Materie und Geist. Dies ist die Grundlage der einfachen tibetanischen Heilpraxis, bei der man den Körperteil visualisiert, der Heilung benötigt: *Prana*, die Lebenskraft, folgt dem Atem, und während sie von der inneren in die äußere Welt fließt, bringt sie dort, wo sie hingeleitet wird, Energie und Heilung.[7] Wenn wir uns im Alltag unseres Atems bewusst sind, verbinden wir die beiden Welten und bringen Heilung von der inneren Welt in die äußere. Wenn wir bewusst atmen, leben wir den Zyklus der Schöpfung, sowohl für uns selbst als auch für die Welt. Wir helfen, die Welt wieder mit ihrer Seele zu verbinden.

Die Rückkehr zum Atem ist eine Rückkehr der Seele, eine Wiederverbindung mit dem, was heilig ist. Diese einfache und ursprüngliche Praxis ist für das Wohlbefinden und die Heilung des Einzelnen und des Ganzen von grundlegender Bedeutung. Beim Gehen rufe ich mir gerne meinen Atem und meine Füße, die den Boden in Harmonie mit dem Rhythmus des Atems berühren, ins Bewusstsein. Wenn sich dieser Rhythmus verselbständigt, beginnen Innen und Außen wieder gemeinsam zu fließen, und dann fängt die Seele zu singen an, singt vom Wunder der Schöpfung, singt das Liebeslied allen Lebens. Ich kann es spüren: Es liegt in der Luft, in der Magie, die in der Natur gegenwärtig ist.

Wir haben heutzutage so vieles vergessen. Wir haben das Lied der Schöpfung vergessen, das Liebeslied der Seele der Welt. Und wir haben vergessen, wie man atmet. Wir verbinden die Welten nicht mehr miteinander. Wir leben nicht mehr im Mysterium des Heiligen. Und so leben wir ausgehungert, in einer unverbundenen Welt und irren suchend von Ablenkung zu Ablenkung. Doch in uns tragen wir die einfachen Werkzeuge der Wiederverbindung. Der Atem ist unser ursprünglichstes

Gebet, genauso wie er eine ursprüngliche Quelle des Lebens ist. Und er trägt in sich das Geheimnis unserer Verbindung zum Heiligen.

Erinnere dich daran zu atmen, dann wirst du dich daran erinnern, was es heißt, lebendig zu sein. Folge dem Atem, dann folgst du dem Rhythmus des Lebens. Wenn du deine Atmung ausbildest, bildest du den Fluss der Energie, des *Chi*, aus. Eine gute Atmung ist für deine Gesundheit enorm wichtig – je tiefer der Atem, desto leichter fällt es dir, Energieblockaden in deinem Körper und Geist aufzulösen. Dies ist allgemein bekannt. Doch wir sind nicht getrennt, alles ist miteinander verbunden. Unser Atem ist auch mit dem Energiefluss der Schöpfung verbunden. Wenn wir gut atmen, hat das nicht nur eine Auswirkung auf unseren eigenen Körper, sondern auf den Körper des Ganzen; wenn wir uns mit unserer Seele verbinden, verbinden wir uns auch mit der Weltseele. Wir bringen eine heilende Energie ins Leben selbst, und wir helfen, das Heilige in der Schöpfung wieder zu erwecken.

Die spirituelle Ökologie erkennt die Notwendigkeit an, zu der Quelle unserer eigenen heiligen Natur und zu den spirituellen Praktiken zurückzukehren, die sowohl auf das Individuelle als auch auf das Ganze Auswirkung haben. Es sind Praktiken, die durch das individuelle Bewusstsein und das eigene Handeln auch die Verbindung der Erde zu ihrer Quelle wiederherstellen können. Mit der einfachen Praxis des Gewahrseins des Atems können wir helfen, diese Verbindung lebendig zu halten. Wir können helfen, die reine Energie des Lebens zwischen den Welten hin- und herfließen zu lassen.

Atempraxis

Weil wir stets atmen, haben wir auch stets Zugang zum Heiligen; wir können immer Zuflucht zum Wirklichen nehmen. Dieses Bewusstsein ist die Grundlage einer Atempraxis, die einfach, zugänglich und gelassen ist. Du musst deinen Atem nicht suchen oder dich zum Atmen zwingen. In der Praxis geht es darum, die Aufmerksamkeit auf das zu lenken, was bereits geschieht, auf das, was dich bereits nährt.

Wo immer du gerade bist, was immer du gerade tust, kannst du deiner Atmung Beachtung schenken. Horche auf deinen Atem, fühle ihn, nimm ihn wahr. Während du spürst, wie der Atem deinen Körper erfüllt, verbindest du dich mit der

Zärtlichkeit und Ruhe, die das Leben in sich birgt. In der reizüberfluteten Welt von heute, benötigen die meisten von uns Zugang zu dieser sanften, rhythmischen, einfachen und lebendigen Zuflucht.

Wende deine Aufmerksamkeit während des Tages – wenn du beim Einkaufen in der Schlange stehst, darauf wartest, dass ein Meeting beginnt, einen Film schaust oder in der Warteschlaufe beim technischen Support hängst – deiner Atmung zu. Praktizierst du eine Form von Meditation, kannst du diese vielleicht beginnen, indem du deinem Atem folgst, um dich in deinem Körper zu entspannen. Nachts im Bett kannst du spüren, wie dein Körper schwerer wird und du tief einsinkst, bevor du einschläfst.

Nimm den Zustand deines Körpers wahr, während du atmest. Wenn du deine Aufmerksamkeit dem Atem zuwendest, kann es sein, dass sich dieser beschleunigt und dein Körper sich zusammenzieht, weil du plötzlich bewusster bist als zuvor, wacher, mit einem größeren Gewahrsein deiner Selbst. Im Westen sind wir Stimulation und einen hohen Stresspegel gewohnt. Unser sensitives Nervensystem kann sogar bei einer einfachen Veränderung der Aufmerksamkeit überreagieren. In diesem Fall verbinde deine Atempraxis mit einer Gehpraxis, welche Körper und Geist auf natürliche Weise entspannt. Oder dehne bewusst deine Bauchdecke beim Einatmen aus und lasse sie beim Ausatmen wieder zurückkehren. Indem du auf diese Weise von deinen Muskeln Gebrauch machst, kannst du vielleicht eine gewisse Spannung lösen und nach einigen Atemzügen wieder zu einer entspannteren Atmung zurückkehren.

Versuche deinen Atem über die gewohnten Grenzen deines Selbst hinaus zu erspüren. Atmest du alleine oder kannst du spüren, dass deine Atmung sich mit anderen lebendigen Dingen, anderen Realitäten verbindet? Frage dich: »Wer oder was atmet?«

Diese Praxis ist nicht mit den komplexen Atempraktiken der yogischen oder esoterisch spirituellen Traditionen zu vergleichen. Das Leben ist einfach, und einfach ist auch diese Verlagerung der Aufmerksamkeit auf das, was ist. Es ist eine natürliche Praxis, so wie auch wir Teil der Natur sind. Sie hilft uns, diese anderen Kräfte, die sich durch uns bewegen, zu spüren und ihnen zu vertrauen, zu fühlen, dass wir Teil von etwas Größerem sind, dass wir verbunden sind. Radikaler noch mag es uns helfen zu verstehen, dass in unserer Welt der Anstrengung und Willenskraft sich das Grundlegenste unserer Kontrolle entzieht. Nicht wir sind es wirklich, die atmen, es ist vielmehr so, dass etwas durch uns atmet. Wenn wir uns dieser Wahrheit mehr und mehr gewahr werden, klammern wir uns weniger ans Leben und überlassen uns dem Geheimnis, wie das Leben sich selbst erhält und heilt.

Gärtnern

Und die Welt lässt sich nicht entdecken, indem man meilenweit reist, wie weit auch immer, sondern nur durch eine spirituelle Reise, eine Reise von einer Handbreite, sehr mühselig, demütigend und voller Freude, bei der wir am Boden ankommen, bei unseren eigenen Füßen und lernen, zu Hause zu sein.

Ich kann mir keine bessere Form des persönlichen Engagements zur Heilung der Umwelt vorstellen als das Gärtnern. Eine Person, die einen Garten bestellt, wenn sie ihn organisch wachsen lässt, verbessert ein Stück Welt. Sie produziert Nahrung, die sie von der Lebensmittelindustrie unabhängiger werden lässt, und gleichzeitig erweitert sie für sich selbst die Bedeutung von Nahrung und das Vergnügen des Essens.

Wendell Berry

3

Gärtnern

Erst spät in meinem Leben lernte ich, wie vielschichtig Erde ist, wie sie durch die Finger zur Seele spricht. Ich bin kein geborener Gärtner. Ich habe keinen grünen Daumen. Mein erster Versuch im Gärtnern war ein Desaster! Ich war etwas über zwanzig und wollte Teil einer Zurück-zur-Natur/Umweltschutzbewegung sein. Eine Freundin in Südlondon besaß einen heruntergekommenen, von Brombeeren und Unkraut überwachsenen Hinterhof, den sie mir zur Verfügung stellte. Und so schuftete ich ein paar Wochen lang, jätete und grub und pflanzte Gemüse. Ich genoss das Freimachen und das Graben, doch das Gemüse war erbärmlich. Die Karotten waren winzig, die Zucchini mickerig und die Tomaten hatte ich in einer Reihe angelegt und so ungünstig ausgerichtet, dass jede Pflanze die nächste in der Reihe überschattete. Ich kann mich nicht erinnern, die Produkte meines Gartens gekocht oder geschmeckt zu haben, mir ist nur die Erkenntnis geblieben, dass Selbstversorgung nicht Teil meines Lebensstils oder meiner spirituellen Praxis werden würde!

Doch nun, ein halbes Jahrhundert später, habe ich meinen Weg zum Gärtnern zurückgefunden. Ich habe das einfache Mysterium wiederentdeckt, mich mit der Erde zu verbinden, indem ich eigenhändig Pflanzen aufziehe. Nun besitze ich einen kleinen Gemüsegarten, der mir lieb ist. Wir haben den Garten erst kürzlich angelegt. Unser vorheriges Haus im Wald neben dem Ozean hatte keinen Zaun, und die Rehe kamen direkt zum Haus und fraßen alles, was sie nur konnten. Doch unlängst sind wir aus dem Haus zwischen den Bäumen weggezogen und haben nun einen Zaun. Außerhalb des Gartenzauns kann ich die Rehe und ihre Kitze beobachten und sehen, wie sie Gras und Kräuter äsen. Innerhalb des Zauns können wir Blumen und Gemüse haben. Dies ist eine der großen Freuden meines Alters.

Meine Frau übernimmt den größten Teil der Gartenarbeit. Sie versteht die Magie der Erde und Pflanzen viel besser, als ich das tue. Sie zieht Blumen auf, deren Farben uns vom Winter in den Frühling begleiten und ein unaufhörliches Fest sind. Ich liebe es, dazusitzen und die Bienen im Lavendel zu sehen und zu beobachten, wie die grün schimmernden Kolibris den Nektar der Blumen trinken.

Doch ich habe auch gelernt, mit meinen Händen in der Erde zu graben, mit Aufmerksamkeit und Sorgfalt zu pflanzen, zu kompostieren, zu wässern und zu beobachten, wie das Gemüse wächst. Ich kann das Heilige in der lebendigen Erde fühlen und im einfachen Wunder dessen, was wächst – sogar in den Schnecken, die ich vom Salat entfernen muss. Ich habe das einfache Vergnügen wiederentdeckt, Gemüse aus dem Garten zu pflücken und zum Kochen in die Küche zu bringen. Dieser Akt ist die Rückkehr zum großen Zyklus des Lebens, von dem wir uns nur zu leicht trennen. In den Garten zu gehen, einen Kohlkopf zu pflücken und in die Küche zu bringen, ihn zu zerschneiden, zu dämpfen und mit Butter, Salz und Pfeffer zu essen, ist Nahrung auf so vielen Ebenen. Im Kohl, den wir aufgezogen und geerntet, gekocht und jetzt gegessen haben, kann ich die Energie der Erde fühlen, des Bodens und der Sonne. Und ich fühle mich als ein Teil von allem – nicht als Idee, nicht einmal als spirituelle Praxis, sondern als etwas viel Unmittelbareres, als eine Sache des Schmeckens und der Berührung, als mein Körper, der sich mit dem Körper der Erde wiederverbindet.

In der letzten Zeit hat mir der Anbau von Kartoffeln große Freude bereitet. Ich habe zwei neue Beete für meine Kartoffeln angelegt, gedüngt und Kompost beigegeben, meine Saatkartoffeln gepflanzt und dann gewartet. Wie gesagt bin ich kein geborener Gärtner und nicht ohne Zutun auf den Rhythmus der Erde eingeschwungen. Dies ist ein Geschenk, das mir das Leben unerwartet beschert hat – die einfache Freude zu warten und zu sehen, wie die Triebe aus dem Boden kommen, und dann endlich mit den Händen meine Kartoffeln auszugraben, voller Staunen über die vielen Kartoffeln, die aus dieser einen Saatpflanze entstanden sind. Natürlich sind es keine perfekten Kartoffeln. Sie sind mir lieb, weil ich sie gepflanzt habe, und ihre Unvollkommenheiten stören mich nicht. Ich liebe ihren Geschmack: süß und butterig. Mit meinen Kartoffeln hat mir die Erde mehr gegeben als nur Fülle und Nahrung; sie hat mir auch diese Freude geschenkt, die ich nie erwartet hätte – eine einfache, ursprüngliche Freude, pures Leben.

Im Herbst ist es Zeit für die Tomaten und Zucchini oder Kürbisse. So viel, so viele! Der kümmerliche Garten in meinen Zwanzigern ist längst vergessen. Vielleicht liegt es daran, dass der Boden besser ist oder dass ich das Kompostieren gelernt habe – und natürlich gibt es hier in Kalifornien mehr Sonnenschein als in London, mit seinen bewölkten, nassen Sommern. Doch für mich ist es wie eine Kindheit, die ich nie hatte – den unter den Blättern verborgenen, so rasch wachsenden Kürbis finden. Und so viele Tomaten! Wir pflücken sie eimerweise. Kürbis und Tomaten zusammen mit ein paar Kräutern kochen – was will man mehr?

Dies ist natürlich für die Gärtner nichts Neues. Doch für mich ist es ein so unerwartetes Geschenk, dieses Gefühl der natürlichen Fülle, dieses fortwährende Geben der Erde, diese endlose Großzügigkeit. Es zeigt mir wieder und wieder, wieviel uns gegeben wird. Dieses einfache Gewahrsein hat sich, wenn meine Hände die Erde berühren oder ich mit meinen Kartoffeln ein Abendmahl richte, als eine wichtige Rückverbindung mit dem Leben erwiesen. Einfach nur zu fühlen und zu schmecken wieviel uns geschenkt wird, bedeutet eine Rückkehr zu etwas ganz Wichtigem, zu einem tiefen Wissen um unsere Zugehörigkeit zur Erde.

Natürlich kann uns unser kleiner Gemüsegarten nicht ganz selbst versorgen; wir gehen – besonders in den Wintermonaten, auch einkaufen. Doch zu essen, was man selbst gezogen hat, die Erde zu schmecken, die Energie zu fühlen, die aus dem Boden kommt, wo man lebt, ist für mich ein unerwarteter Segen. Ich liebe es zuzusehen, wie die Pflanze langsam einen Blumenkohl heranbildet – und dann geschieht es so rasch, diese weißen Spiralen bilden sich in ganz wenigen Tagen. Es ist als wäre man Teil eines Gebets – und Teil einer tiefen Erinnerung, dass dies so ist, wie es immer war, Jahrtausende lang. Wir sind und waren schon immer Teil der Erde, ernährt durch die Erde, genährt von Ihrer unendlichen Großzügigkeit.

Gartenpraxis

Der Anbau von Pflanzen zum Essen und zum Sich-Erfreuen ist eine Jahrtausende alte Praxis der Menschheit. Mit unseren modernen Lebensmittelproduktions-Systemen und unseren überfüllten Städten haben viele von uns die Intimität und das Genährtsein verloren, das dem unmittelbaren Umgang mit der Erde entspringt. Doch diese Verbindung schlummert wie ein Samen in uns allen, und sie kann durch eine bewusste Praxis des Aufziehens von Pflanzen einfach geweckt werden. Wenn man sich um etwas kümmert, das wächst, sei es auch nur eine einzige Hauspflanze oder ein Topf mit Kräutern auf dem Fensterbrett, kann dies unsere elementare Verbindung zur Erde wiederherstellen und uns an unseren Platz im komplexen Gewebe der ganzen Schöpfung erinnern.

❀ *Eine Gärtnerpraxis gemäß den Prinzipien der spirituellen Ökologie* beruht auf der Anerkennung unserer Teilhabe im großen Gewebe des Lebens, in dem alles miteinander verbunden, alles eine Symphonie ist. Das Gärtnern bringt uns in eine mit-schöpferische Beziehung mit allen beteiligten Elementen: den Pflanzen, die wir aufziehen, dem Boden, der Sonne, dem Wasser, der Temperatur und der Qualität der Luft, des Windes, des Regens, dem Wechsel der Jahreszeiten, den Mikroben und Mineralien, welche den Boden bevölkern, mit anderen Pflanzen und Insekten und Tieren. Lass dieses Verständnis der Natur als großes gemeinsames Wirken, an dem wir teilhaben, die Grundlage deiner Gartenpraxis sein.

Es macht einen Unterschied, was wir in diesem komplexen Gewebe, in dem alles eine Antwort auf alles andere ist, von uns selbst in den Garten einbringen – den Kontakt mit dem Boden, die Berührung der Scholle mit unseren Händen, das Graben in der Erde. Sei dir während der Gartenarbeit deiner Haltung bewusst. Bist du während des Pflanzens in Eile oder nimmst du dir die Zeit, das Potential eines jeden Samens zu erkennen, während du ihn in die Erde legst? Wässerst und jätest du aus einem Pflichtgefühl heraus oder erlaubst du den Elementen, dich miteinzubeziehen – die Sonne, die dich wärmt, der Regen, der dich beruhigt, die Ohrwürmer, die dich zum Handeln auffordern. Die Erde braucht dringend unsere Fürsorge und Aufmerksamkeit, unseren Respekt, unsere Bereitschaft zuzuhören und uns jetzt einzubringen. Wir können Ihr dies durch die Haltung, mit der wir gärtnern, darbringen.

Lass deinen Garten ein Dialog sein: lausche und beobachte, antworte. Erlaube dem Garten, dir zu erzählen, was er braucht. Leg deine Hand in den dampfenden Kompost – ist er bereit, mit der Erde vermischt zu werden? Beobachte, wie die Blätter am Mais sich im Wind bewegen – ist es Zeit, die Kolben zu bestäuben? Berühre die sich braun färbenden Nadeln des kleinen Tannenbaums – braucht er mehr Schatten? Oder weniger? Braucht er mehr Wasser? Bewege dich durch alle Zyklen deines Gartens mit einer Offenheit für das, was stattfindet, für das, was er von dir benötigt und für das, was dir geschenkt wird, was sich dir auf tiefere Weise darbieten mag.

Feiere die Ernte – sowohl die tatsächliche Ernte und die Freude, welche das Gärtnern mit sich bringt. Ahme die Empfänglichkeit der Erde nach, indem du annimmst und genießt, was Sie gibt, und ahme Ihre Großzügigkeit nach, indem du Ihre Güte mit anderen teilst.

Ob wir einen einzigen Rosenstrauch pflanzen oder fünf Morgen Weizen anbauen – die Gartenarbeit lädt uns ein, unsere ursprünglichsten Eigenschaften in unsere Beziehung zur Erde zu legen. Respekt, Ehrfurcht, Bewunderung und Liebe nähren uns wie die Nahrung, die wir anbauen. Sie nähren auch die Erde. Der unvergleichliche Geruch von Lavendel, die Süße eines Maiskolbens, die raue Schönheit einer bemoosten Eiche, sie brechen unsere Schale der Isolation auf, wenn wir es zulassen. Wenn wir für sie sorgen, bestärken wir die der Erde innewohnende Reziprozität – nähren wir Sie, nährt Sie uns.
Die ganze Natur spricht zu uns. Mit der Erde zu arbeiten und für das, was wächst, zu sorgen, schwingt uns auf ihre ganzheitliche Sprache ein.

3 | Gärtnern

Samen
und ihre Geschichten

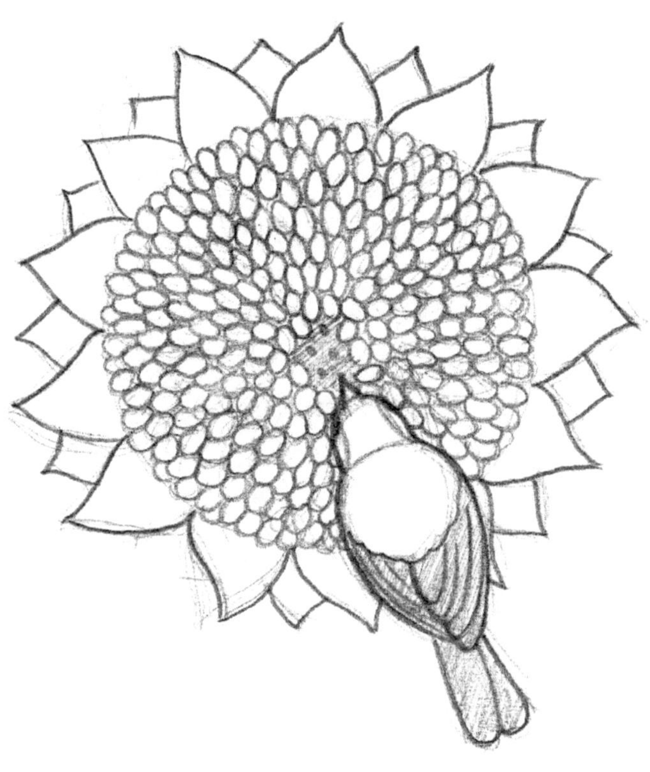

Und in Seinen Händen zeigte Er mir ein kleines Ding, haselnussgroß
auf meiner Handfläche; und es war rund wie ein Ball.
Ich betrachtete es und dachte: »Was mag dies wohl sein?«
Und ich erhielt folgende Antwort: »Es ist alles, was erschaffen wurde.«
Und ich staunte, wie es denn bestehen könne, denn es war so klein.
Und bekam zur Antwort: »Es währt und wird ewig währen, weil Gott
es liebt. Und alles hat sein Sein durch die Liebe Gottes.«

Juliana von Norwich

4

Samen und ihre Geschichten

Im Garten zu arbeiten, Samen zu säen, verbindet mich nicht nur wieder mit der Erde, sondern auch mit einer der ältesten und tiefgründigsten Geschichten der Menschheit: mit der Geschichte des Samens, der in die Erde gepflanzt wird, der keimt, in der Dunkelheit wächst, die Oberfläche durchbricht und dem Sonnenlicht entgegenwächst. Es ist eine unserer ältesten Geschichten über Fruchtbarkeit. Sie erzählt vom Geheimnis von Tod und Wiedergeburt – von der äußeren, physischen Wiedergeburt der Natur, wenn der Winter sich zum Frühling wandelt, aber auch von einer inneren Transformation, die uns in Erinnerung ruft, dass auch wir in die innere Welt hinabsteigen können, in die Dunkelheit in uns, wo wir die Geheimnisse der

Seele erkennen, eine spirituelle Wiedergeburt erfahren können.

Was ich in meinem kleinen Garten erlebe, ist Teil einer Geschichte, die uns seit Jahrtausenden trägt. Sie verleiht dem Leben Sinn und Bedeutung. Doch heute gehen uns die Samen und auch ihre Geschichten verloren. Die Biodiversität, die für Tausende von Jahren so zentral war, kommt uns abhanden. Wir werden allmählich zu einer Monokultur, in der Samen ein knappes Gut sind, so knapp, dass in der Eiseskälte des Nordens sogar Samenbanken geschaffen wurden, um unser Erbe an Samenvielfalt zu beschützen.

Im Spätsommer bewundere ich auf meinem Morgenspaziergang oft einen alten Apfelbaum, dessen Äste über die Hecke ragen, beladen mit roten und goldenen Früchten. Die Großzügigkeit der Natur ist eines der Wunder des Lebens – doch sogar dieser Apfelbaum lässt mich Trauer fühlen, denn er erinnert mich daran, dass so viel von der einst üppigen Vielfalt bereits verloren gegangen ist. Es gab eine Zeit, in der es in diesem Land um die 5.000 verschiedene Apfelsorten gab. Nun sind es noch 15 verschiedene Sorten, die etwa 90% aller kultivierten Äpfel ausmachen. Accordian, Camack Sweet, Haywood June und Sally Crocket sind nur einige von vielen Sorten, die verlorengegangen sind. Wie bei den Äpfeln geht auch bei allen Samen – unsere elementarste Nahrungsquelle – die Biodiversität verloren. Sie sind dem gleichen Schicksal unterworfen wie fast die gesamte Natur, mit so vielen ausgelöschten Arten: 75% der verschiedenen Weizensorten auf den Feldern der Welt sind verlorengegangen.[8] Der Verlust der Vielfalt des Weizens ist nur ein weiteres Beispiel der Verwüstung, die unsere mechanisierte Welt anrichtet, der Umweltzerstörung, von der wir Zeugen sind.

Doch so wie wir die verbleibenden physischen Samen bewahren und die Diversität des Lebens wertschätzen müssen, so tut es auch not, dass wir uns der Geschichten erinnern, welche die Samen in sich tragen. Ohne diese Geschichten vom inneren Mysterium des Lebens und der Wiedergeburt, von der Transformation in der Dunkelheit, fehlt unseren Seelen Nahrung. Und wir vergessen, dass sie mit der Erde und Ihren Rhythmen verbunden sind – den Jahreszeiten des Heiligen. Wir müssen auch diese Geschichten am Leben erhalten; ohne sie stecken wir in der äußeren, von Wissenschaft und Technik geprägten männlichen Welt fest und darben ohne diese innere, für unser Wohlbefinden und unsere Ganzheit unentbehrliche Nahrung.

Wie können wir diese Geschichten wieder zurückfordern, wie ihre Symbole würdigen, die für uns so lebenswichtig sind wie das Pflanzen und Ernten selbst? Als Erstes müssen wir den Wert des Symbolischen anerkennen. Diese Geschichten sprechen in der flüssigen, alten Sprache der Bilder und Symbole zu unserer Seele. Einer Sprache, die uns auf die Spur des Geheimnisses bringt, das jenseits von dem liegt, was wir zu wissen vermeinen. Dieses Mysterium funktioniert nicht gemäß der linearen, rationalen Logik, die unsere Erziehung und den zeitgenössischen Diskurs dominiert, welcher nur eine Dimension unseres Lebens erfasst.

Wir müssen uns auch daran erinnern, wie wir zuhören und innerlich empfänglich und aufmerksam sein können. Nur von einem Ort der Empfänglichkeit, der Weisheit des Weiblichen aus können wir dem Mysterium hinter den Worten und Bildern zuhören, können wir dessen göttliche Bedeutung tragen.

Wenn ich einen Samen in meiner Hand halte, kann ich nur staunen, dass etwas so Kleines die Geschichte des Bodens und des Frühlings erzählt, Blume und Frucht in sich trägt. Das gesamte Leben scheint darin vergegenwärtigt. Und wir wissen, wie die Geschichte unseres eigenen Lebens mit etwas sogar noch Winzigerem begann, einer einzelnen Zelle in der Gebärmutter. Wenn wir einen Samen halten, ihn in die Erde legen, stehen wir wieder am Anfang, bei diesem Augenblick unserer eigenen Zeugung, dem Funken, der ein ganzes Leben enthält, das darauf wartet, gelebt zu werden. Es gibt einen mystischen Augenblick, in dem man den Samen erfährt, *der alles umfasst, was existiert.*[9]

Eines Nachts sah ich die gesamte Schöpfung wie einen Samen, wie ein kleines rundes Objekt. Alles, alle Ozeane und Sterne, alle Bäume und Menschen und Versprechen und Träume waren in diesem winzigen, runden Ding enthalten. Alles, was existierte, war da. Und jeder kleine Samen einer Blume oder eines Gemüses, der Kern im Apfel, aus dem ein ganzer Baum erwachsen kann, enthält auf gleiche Weise den Kreislauf der Schöpfung, die Geschichten der Menschheit und die gesamte Welt.

Der Samen, der »alles enthält, was erschaffen wurde«, ist der Samen meiner Geschichte, tief in meiner Seele eingeprägt, die mich durch das Mysterium der Liebe mit dieser Welt verbindet. Von einem Ort des Zuhörens, ausgerichtet auf das tiefere Geheimnis dessen, was heilig ist, können wir alle die eigene Geschichte finden, die als Samen in uns angelegt ist.

Wir alle bedürfen einer Geschichte, die zu uns spricht, die mit unserer eigenen Seele in Resonanz ist. Es mag das einfache Bild eines Samens sein, den wir in die Erde einpflanzen, dessen Sprösslinge dann im Frühling erscheinen – die ewige Wiederkehr und das Versprechen eines neuen Lebens. Oder diese Geschichte könnte aus der Fundgrube alter Mythen stammen, wie die reich ausgestalteten griechischen Mythen von Demeter und Persephone, welche von den Mysterien erzählen, die zum heiligen Weiblichen gehören, Mysterien, die in Eleusis in Griechenland mehr als tausend Jahre lang praktiziert wurden.

Es ist an jedem von uns, den Geschichten, die zu uns sprechen, zu lauschen und sie zu bewahren.[10] Wir müssen in Ehre halten, wie das Symbol des Samens zu uns spricht, zuhören und lernen mit einem inneren Ohr, das auf die symbolische Bedeutung eingestimmt ist. So werden diese Geschichten lebendig. Darum ist auch das Erzählen und Hören von Geschichten so wichtig. Diese althergebrachten Geschichten können auf eine Weise direkt mit unserem inneren Selbst sprechen, die unsere zeitgenössische Kultur nur schwer nachvollziehen kann.

Die Bilder dieser Geschichten gehören zu unserem Erbe, das oft, so wie bei Persephone, von Mutter zu Tochter weitergegeben wurde. Teil der Tragödie unserer gegenwärtigen Kultur ist es, dass all unsere Aufmerksamkeit auf die äußere, die physische Welt gerichtet ist. Und ja, die äußere Natur braucht unsere Aufmerksamkeit; wir müssen handeln, bevor es zu spät ist, bevor wir das gesamte Ökosystem plündern und verschmutzen. Wir müssen die Samen der Vielfalt des Lebens retten. Doch die Menschen haben ein inneres Geheimnis, und auch dieses muss vor der gegenwärtigen Verödung gerettet werden – wir müssen die Samen und ihre Geschichten, die unsere Seele nähren, am Leben erhalten. Verlieren wir diese Samen, werden wir auch eine Verbindung zur tieferen Bedeutung des Lebens verloren haben. Und dann werden wir mit einer inneren Verwüstung und Trostlosigkeit zurückbleiben, die so real ist, wie die äußere.

Die Praxis des Saatguts

Jeder Same ist einzigartig. Jede Pflanze, jede Frucht, jede Blume ist ein individueller Ausdruck der Schöpfung. Gleichzeitig ist die Essenz eines Samens universell. Er ist der Anfang, der Funke, die schöpferische Kraft, die alles, was ist, ins Leben ruft. Alles Leben stammt aus einem Samen, von den wirbelnden Galaxien des Big Bang zu der Sonnenblume, die aus einem Sonnenblumenkern in einem Blumentopf erwächst.

Unsere eigenen Samengeschichten spiegeln diese Wahrheit von Mikrokosmos und Makrokosmos wider. Jeder Mensch enthält die Essenz dessen, was ewig und heilig ist. Doch genauso wie Samen wachsen, um einzigartige Blumen, Äpfel, Birnen oder Eichen zu werden, so ist jedes Individuum in sich selbst einzigartig.

Unsere ureigene Geschichte zu kennen, bedeutet, das Paradox zu leben, dass wir einzigartig und zugleich eins mit dem ganzen Universum sind. Wir sind wir selbst, genauso wie wir ein Ausdruck der gesamten Lebenskraft sind. Unsere Leben – unsere Geschichten – gehören uns, und sind doch untrennbar mit den Geschichten der anderen verbunden, den Geschichten der Wale, Wölfe, Tannen und Schlangen, und den Geschichten unserer Zeit.

Du kannst dieses Wissen konkret werden lassen, indem du es dir zur Praxis machst, Pflanzen aus Samen zu ziehen. Wie viele von uns haben in der Grundschule aus einem Kern eine Sonnenblume gezogen und so dieses Wunder selbst erfahren? Halte als erstes einen Samen in deinen Händen, und dann, während du durch alle Stadien der Entwicklung hindurch für diesen sorgst, vom Keimen zum Sprießen, Wachsen, Blühen, Früchte tragen, Absamen und Verwelken – kannst du dieses einfache Wunder bezeugen: das Versprechen, das in einem Samen verborgen liegt. Und die Sorge und Pflege, die dazugehört. Und so kann dieses Gewahrsein der Samen, die wir aufziehen, uns helfen, die Fragmentierung unserer Zeit hinter uns zu lassen und zu einer Erfahrung der Ganzheit des Lebens zu gelangen.

Wenn du einen Garten besitzt, versuche ein paar Pflanzen beiseite zu legen, um deren Samen zu bewahren. Lerne die besten Methoden, wie man Samen aufbewahrt und hüte diese Samen. Dies kann sowohl konkret als auch symbolisch der Eckpfeiler einer Praxis spiritueller Ökologie sein. Pflanzen ihrer Samen wegen zu ziehen, kann als ein äußerer Anker für dieses Verständnis und diese Praxis dienen – dies zusätzlich zum Beitrag zur weltweiten Bemühung, die Samenvielfalt zu schützen und so, im Kleinen, die Zukunft der Samen nicht einfach kommerziellen Interessen zu überlassen.

Der Lebensweg eines Samens kann auch als Metapher für die Entwicklung der eigenen Lebensgeschichte dienen. Unsere eigenen als Samen in uns angelegten Geschichten reflektieren die inneren Mysterien des Lebens und des Sterbens, so wie sie sich in unserem Schicksal zeigen: In unserer Herkunft und unserem Ziel, unserer Entwicklung zu dem, was wir wirklich sind, dem universellen Drama des Abstiegs in die Dunkelheit, der Transformation, des Wiederaufsteigens und der Wiedergeburt. Was sind ureigenen Geschichten? Was sind die Geschichten deiner Gemeinschaft? Diejenigen unseres Planeten? Vielleicht findest du eine Geschichte in den Ereignissen deines eigenen Lebens oder im Leben um dich herum, in Mythen, Träumen. Die Bilder und Symbole, die mit dem tieferen Sinn des Lebens erfüllt sind, findest du überall um dich herum. Finde die Geschichten, die zu dir sprechen, die dir erlauben, dein eigenes Leben in einen größeren Zusammenhang zu setzen, welcher deine Seele nährt. Ein erster Schritt ist es, die Demut, den Boden, den Ort der Verletzlichkeit zu finden, von wo aus du wirklich zuhören kannst. Das lateinische Wort »humilitas«, Demut, ist von »humus«, Erde, Boden, Grund abgeleitet. Genauso wie der Samen der Erde bedarf, um zu wachsen, so ist auch Demut der Boden für deine eigenen Geschichten und die Geschichten der gesamten Schöpfung.

Sei dir bewusst, wie auch du selbst ein Same sein kannst – wie du an der Entwicklung der Geschichten unserer Zeit teilhaben könntest, besonders an dieser einen Geschichte, wie die Menschheit wieder zu einer heiligen Beziehung zur Erde zurückfindet, die so unbedingt erzählt werden muss. Wir sind alle Teil dieser größeren Geschichte. Wenn wir aufmerksam sind, können wir einen Widerhall davon in unseren eigenen Leben finden, spüren, wie diese größere Entwicklung durch uns lebt. So können wir mit Aufmerksamkeit und Intention zu ihrer Verwirklichung im Leben um uns herum beitragen. Im spirituellen Leben ist es oft wichtig, die Verbindung zwischen dem Inneren und dem Äußeren zu erkennen und uns selbst zu fragen: Können wir in uns den Willen, die Bereitschaft finden, die Zeichen zu erkennen? Können wir von einem Ort der inneren Wahrheit, der wahren Verbindung antworten? Können wir das ehren, was um uns herum und in uns stattfindet? Können wir die Samen dieses Beginns des Lebens, das sich selbst neu erschafft, wahrnehmen? Wie können wir dieses neue Wachstum nähren? Das Leben ruft mit Dringlichkeit nach unserer Aufmerksamkeit und Liebe und Demut, um uns zu erinnern, dass wir zur Erde gehören, dass wir Teil der heiligen Ganzheit des Lebens sind.

Gewahrsein der Samen kann uns in das Herz des Lebens und in unser eigenes Herz führen. Das Leben wird uns Gelegenheit um Gelegenheit schenken, vom Herz aus zu leben und nicht geleitet von unseren Befürchtungen und Wünschen. Und nach und nach können wir diese Muster wiedererkennen und den Mut – die Kraft des Herzens – aufbringen, um von einem Ort in uns zu antworten, der wirklich ist. Der Ort, wo das Leben einen Samen der Sehnsucht, einen Samen der Wahrheit, einen Samen des Lebens selbst hinge-

legt hat. Wenn wir von dieser inneren Wahrheit aus leben, beginnt unser Leben zu erblühen. Von hier erkennen wir die Geschichte des Wolfs, erzählen das Abenteuer des Regens, singen das Lied des Mondes.

Kochen mit Liebe

Lass Dharma Essen sein,
und Essen Dharma …

Dieses Essen ist Erfüllung – die Freude des Dharma
und der Genuss der Meditation.

Dogen[11]

5

Kochen mit Liebe

Als ich als Jugendlicher Meditation zu praktizieren begann, lernte ich auch kochen. Ich glaube instinktiv, dass die Aufmerksamkeit, die wir der Zubereitung unseres Essens widmen, ein wesentlicher Teil des spirituellen Lebens ist und uns mit einer für die Reise notwendigen Zutat versorgt. Als Dogen, der Gründer der Schule des Soto Zen, auf der Suche nach den Wurzeln des Zens nach China reiste, war die lehrreichste Begegnung diejenige mit dem Kochmeister des Klosters. Dieser rügte ihn, weil er nicht verstand, dass Kochen eine spirituelle Praxis ist.[12]

Vielleicht kam gleichzeitig mit der Meditation auch diese überlieferte Tradition zurück: Ich lernte, Gemüse zu schneiden und Steinmehl-Brot zu backen. Ich war ohne das geringste Bewusstsein für Essen aufgewachsen, mit einer englischen Küche, in der Kohl zwanzig Minuten lang gekocht wurde, bis auch der letzte wertvolle Rest verschwunden war. Ausgerüstet mit Holzbrett, Messern und Wok lernte ich, mit Aufmerksamkeit zu kochen und zu essen. Das war zugleich eine hervorragende stille Rebellion gegen meine mittelständische Familie – während alle am Sonntag Bratkartoffeln und Roastbeef aßen, saß ich am gleichen Tisch und nahm mit Ess-Stäbchen eine Schale Reis und Gemüse zu mir!

Ich lernte mit Gewahrsein kochen, mit dem Gefühl, dass Essen nicht einfach Nahrungsaufnahme ist, sondern auch Teil einer spirituellen Praxis, dass Kochen und Meditation zusammengehören und innere und äußere Reinheit hervorbringen. Indem wir bei der Zubereitung unseres Essens achtsam sind, bringen wir Bewusstsein in ein lebenserhaltendes Element. So wie das Gewahrsein des Atems, ist auch die einfache Kunst des Kochens für unser spirituelles Leben von zentraler Bedeutung und verbindet uns wieder mit der Essenz des Lebens. Was ist befriedigender als eine Schale Reis und Gemüse, die wir mit Achtsamkeit gekocht haben – was ein besseres Geschenk für einen Besucher oder einen Freund?

Eines Tages, ich war so um die Dreißig, entdeckte ich über das Kochen etwas ganz anderes. Meine Lehrerin lud mich zu einem Essen ein, das sie gekocht hatte: einfache indische Puffer mit Reis und Chutney. Und was ich schmeckte, war Liebe. Ich hatte nicht gewusst, dass man Liebe schmecken konnte, doch dieses Mahl wandelte mein Verständnis vom Kochen radikal. Gewiss, Aufmerksamkeit beim Schneiden des Gemüses und beim Rühren ist wichtig. Doch es gibt eine Zutat, die dem Essen eine ganz andere Dimension gibt – Liebe.

Wenn in meiner Kindheit schon niemand ein Bewusstsein für das Essen hatte, so gab es überhaupt keines für Liebe. Und ein Teller Reis und Puffer mit Liebe als Hauptzutat serviert zu bekommen, war revolutionär. Schon nur die Idee an sich, dass man Liebe schmecken konnte, war etwas ganz Neues. Andere mögen dies ihr Leben lang gewusst haben. Sie mögen vielleicht erfahren haben, dass ein Kuchen von einer Süße sein kann, die nicht nur vom Zucker kommt. Mir aber öffnete diese Erfahrung eine Welt.

Gibt es eine Technik, um mit Liebe zu kochen? Ich weiß es nicht – außer, dass es geschieht. Vielleicht geschieht es, wenn das Kochen, so wie bei dem alten Koch, der Dogen dies lehrte, eine »Praxis des Weges« wird. Meine Lehrerin war von einem Sufi-Meister in Indien geschult worden und lernte die Geheimnisse der Liebe und mit Liebe zu arbeiten. Ihre Kochkünste waren ein Ausdruck ihrer Schulung und ihrer Praxis. Von dieser einen Mahlzeit lernte ich etwas so Einfaches und Wunderbares: Man kann Liebe ins Essen geben, das Körper und Seele nährt. Von diesem Moment an drehte sich für mich beim Kochen alles um diese neue Zutat.

Es gibt wunderbare spirituelle Praktiken für das Kochen. Man kann mit Aufmerksamkeit und Gewahrsein kochen, wie in der Zen-Tradition. Man kann ein *Mantra* oder *Dhikr* sagen, wenn man eine Mahlzeit zubereitet, so dass das Essen von der Erinnerung an Gott durchdrungen ist.[13] Doch Liebe ist eine einfache Ausdrucksweise des Herzens. Es bedarf keiner speziellen Schulung, man braucht nur gewahr zu sein und die Liebe im Herzen darzubieten. Und das gibt im Essen eine Resonanz. Das Essen weiß um die Liebe und es gibt dieses Geschenk demjenigen weiter, der das Essen genießt. So geschieht eine tiefe Teilhabe, eine uralte Magie, die beim Mahl zugegen ist.[14]

Wenn ich nun koche, erinnere ich mich der Mahlzeit aus Reis und Puffer, erinnere ich mich der Liebe. Und natürlich bereite ich manchmal ein einfaches Omelett zu, grille und esse ein Stück Fisch und bin vielleicht nicht mal bewusst aufmerksam. Doch wenn ich in meinem Herzen und in meinen Fingern gegenwärtig bin, dann kann Liebe zugegen sein, vermag Liebe die geheime Zutat des Essens zu sein. So kommt es auch, dass ich selten in einem Restaurant esse. Die Speisen mögen gut schmecken, doch eine der wichtigsten Zutaten ist kaum je mit dabei. Etwas Essentielles fehlt. Und Liebe ist das, was zu uns spricht, sowohl auf der Ebene der Zellen als auch in der Seele. Sie nährt unseren Körper auf allen Ebenen.

Wie man mit Liebe kocht, muss jeder für sich herausfinden, denn das Herz eines jeden von uns ist so einzigartig, wie es auch das Lied unserer Seele ist. Und gleichzeitig ist Liebe die ursprüngliche Substanz des Lebens; sie verbindet uns mit der göttlichen Quelle von allem, was existiert. Und für mich war eine Mahlzeit, die mit Liebe zubereitet wurde, eine einzigartige Erfahrung. Vierzig Jahre später kann ich sie immer noch schmecken.

Die Praxis des Kochens mit Liebe

Essen und Liebe gehören zu den wichtigsten Formen menschlicher Nahrung. Beide zu verbinden ist eine einfache, aber grundlegende Praxis.

Liebe ist lebendig. Sie ist weit mehr als nur das Gefühl, das wir Liebe nennen; sie ist die vitale Lebenskraft, die sich nach Prinzipien richtet, die über unser Leben hinausgehen. Die meisten von uns versuchen, Liebe zu erhaschen, ihr hinterherzujagen, sie uns zu eigen zu machen. Doch es liegt in der Natur der Liebe, in Bewegung, im Fluss zu sein. Je mehr Liebe fließt, desto mehr wirkt sie. Sie wird größer, wenn sie weitergegeben wird.

Kochen mit Liebe ist etwas Natürliches. Wenn wir kochen, geben wir. Das Zubereiten und Servieren des Essens ist eine der ältesten und grundlegendsten menschlichen Geschenke. Wer unser Essen kostet, dem schenken wir das, was die Erde gibt, genauso wie unserer Zeit, Anstrengung, Fürsorge und Aufmerksamkeit. Indem wir geben, wird uns wiederum die Gelegenheit zuteil, uns bewusst mit dem zu verbinden, was dem Leben zugrunde liegt.

Die Praxis des Kochens mit Liebe beginnt mit dem Vertrauen und der Zuversicht, dass Liebe allen zugänglich ist und wir mit ihr arbeiten können. Ohne dieses grundlegende Verständnis kann Liebe nicht miteinbezogen werden, kann sie nicht würzen und nähren. Vertraue darauf, dass Liebe einem offenen Herzen immer zugänglich ist und dass liebende Achtsamkeit Möglichkeiten erschafft, Liebe fließen zu lassen.

Wenn du das Essen zubereitest, lass dein Herz aufgehen. Lass deine Empfindungen zu – Liebe geht mit Gefühlen einher. Eine einfache Weise, Liebe in die Küche einzuladen, ist das Kochen für Menschen, die du liebst – deine Freunde, deine Familie, deinen Partner, die Person, in die du verliebt bist – und zuzulassen, dass dein Gefühl für sie in die Zubereitung einfließt. Am vertrautesten ist uns die Erfahrung der Liebe in der Zuneigung, die wir für andere empfinden und die uns von anderen zuteil wird. In den Gefühlen der Verbundenheit, Innigkeit und Leidenschaft, die uns miteinander verbinden. Doch auch wenn du für dich selbst kochst, kannst du es mit Liebe tun, mit der gleichen Güte und dem gleichen Mitgefühl, wie du es für andere aufbringen würdest. Diese Liebe ist nicht Selbstbezogenheit, sondern eine wahre und notwendige Nahrung für Körper und Seele.

Liebe beseelt das ganze Leben, und so ist sie nicht beschränkt auf die Liebe zu anderen und zu uns selbst. Liebe findet sich überall und in allem. Sie ist in den Zutaten, die wir für unser Essen brauchen üppig vorhanden, und wir können sie ganz einfach erschließen, indem wir diesen, während wir kochen, unsere aufrichtige Aufmerksamkeit zuwenden. Du kannst damit beginnen, dass du langsamer wirst – nicht in Eile bist und dir zum Kochen Zeit und Raum gibst. Schenke den Zutaten, die du verwendest, deine Aufmerksamkeit, berühre sie, rieche an ihnen. Siehst du die strahlende Schönheit der Möhre, die Symmetrie des Blumenkohls, das schiere Wunder eines Eis. Atme den Duft der Kräuter ein und sei dir ihrer Eigenheiten bewusst. Ein Heilkraut vermag deine Leber zu reinigen, ein anderes deinen Magen zu besänftigen. Sieh vor dir die Kuh, den Büffel oder das Huhn, im Fleisch, in der Milch, im Käse oder den Eiern, die du zum Kochen verwendest. Würdige das Tier, dessen Leben Teil deines Essens geworden ist. Spüre die Liebe der Erde, die dir diese ganze Fülle zur Verfügung stellt.

Die Liebe, die all diesen Dingen Leben einhaucht, wird auch durch deine Hände lebendig. Sie ist durch das einfache Gewahrsein und die Zuwendung, mit der du das Gemüse schneidest und im Topf rührst, zugänglich. Bringe während des Kochens das Gefühl deines Herzens in deine Hände und von deinen Händen in das Essen. Liebe ist lebendig; sie will ihren Fluss weiterleiten. Durch deine Aufmerksamkeit kannst du daran teilhaben, ihren Fluss zu lenken.

Sei aufmerksam auf die Gabe, die in diesem Akt des Kochens liegt. Wenn du den Eintopf mit Pfeffer abschmeckst, sei dir bewusst, dass du etwas erschaffst, das nährt und als Gabe geteilt werden kann. Bezeuge die grundsätzliche Großzügigkeit der Erde. Sie erhält uns nicht nur am Leben, sondern bereitet uns über unsere Sinne Freude und Genuss. Durch das Kochen bist du Teil dieser Großzügigkeit.

Heutzutage haben wir diesen direkten Bezug zum Essen fast ganz verloren. Doch das Essen verbindet uns und die Erde, und Kochen kann uns helfen, uns dieses grundlegenden Geschenks der Liebe gewahr zu werden. Alles, was zum Kochen gehört – vom Feuer auf dem Herd und den Kräutern, mit denen wir würzen, zum Wasser oder Wein, den wir einschenken – alles lädt uns ein, an diesem Kreislauf des Lebens, das gibt und empfängt, bewusst teilzuhaben. Je mehr wir erkennen, dass wir nicht getrennt sind, sondern dieser Ganzheit angehören, desto mehr Liebe kann mit und durch uns fließen.

Die Welt bedarf der Liebe, der Liebe, die fließt wie Wasser, der Liebe, die sich atmet wie Sauerstoff. Liebe, die uns auf verborgene Weisen nährt, sollte gekostet werden. Liebe ist die wichtigste Zutat in einem Rezept, dessen sich nur die Großmütter erinnern. Und doch ist sie hier, unter uns und wartet darauf, gebraucht zu werden, einfach so – wie Salz im Regal. Sie ist die elementarste Zutat allen Lebens.

Putzen

Bambusschatten fegen die Treppe,
Doch kein Staub wirbelt auf.
Mondlicht dringt in die Tiefen des Teiches,
Doch keine Spur bleibt im Wasser.

Nyogen Senzaki

6

Putzen

Es gibt eine einfache spirituelle Praxis, die oft übersehen wird – die Kunst des Reinemachens. Das Bild des Mönchs, der den Hof wischt, hat eine tiefe Bedeutung. Ohne die Praxis des Reinigens kann es keinen leeren Raum geben, keinen Raum für eine innige Verbindung zum Heiligen. Äußerliches und innerliches Reinemachen bildet die Grundlage spiritueller Praxis. Und wenn der Besen des Mönchs den Boden berührt, liegt darin eine ganz besondere Beziehung zur Erde. Wir müssen einen heiligen Raum schaffen, um die Beziehung zum Heiligen in uns selbst und in der Schöpfung zu leben.

In der geschäftigen Welt von heute wird es oft als eine lästige Pflicht angesehen, das eigene Haus zu putzen. Wir verwenden wohl viel Zeit und Energie (und teure Produkte) für unser tägliches Ritual des Badens, doch der einfachen Kunst des Reinigens unseres Wohnraums wird nur selten Vorrang gegeben. Unsere Kultur ruft uns dazu auf, Produkte einzusetzen, welche »Keime« in der Umgebung abtöten – Produkte, die oft giftiger sind als die Keime selbst. Doch schenken wir unsere Aufmerksamkeit, unsere Achtsamkeit der Sorge für den Raum, in dem wir leben? Sind wir mit unserer Bürste oder dem Staubsauger vollkommen gegenwärtig.

Mit dem Bewusstsein, dass alles Teil eines einzigen lebendigen Ganzen und nichts voneinander getrennt ist, erwachte in mir auch ein Bewusstsein dafür, dass alles der Pflege und Aufmerksamkeit bedarf. Ich bringe dieses Gefühl und dieses Bewusstsein in meine Praxis des Reinigens. Wenn ich einen Tisch putze oder ein Büchergestell abstaube, widme ich diesen meine Aufmerksamkeit und Liebe, denn alles reagiert auf Pflege und Liebe – nicht nur Menschen oder Tiere oder Pflanzen, sondern alles. Ich bin der festen Überzeugung, dass ich nur besitzen sollte, was ich auch wirklich brauche. Und genauso nur haben sollte, worum ich mich wirklich zu kümmern vermag, was ich lieben und wofür ich sorgen kann. Dies ist eine einfache Anerkennung des Heiligen, das in allem gegenwärtig ist. So lässt sich im Alltag vom Herzen aus leben. Vielleicht ist für mich, der in einer Familie ohne Liebe oder Fürsorge aufgewachsen ist, dieses Bedürfnis besonders ausgeprägt. Doch ich spüre, dass dieses Gefühl einem tieferen Wissen entspringt, dem Wissen darum, dass alles zum Gewebe des Lebens gehört – dass die Schöpfung aus Liebe gewoben ist. Und so kümmere ich mich, wenn ich putze, auch um das, was mich umgibt, im Wissen darum, dass es, wie alles andere, der Liebe bedarf.

Ich gebe zu, dass ich es liebe, zu putzen. Ich finde es zutiefst beruhigend. Persönlich liebe ich Leere, inneren und äußeren Raum. Indem ich meinen Wohnraum reinige, schaffe ich Leere, räume den Müll weg, der sich so leicht ansammelt. Und wenn man mit Liebe und Aufmerksamkeit reinigt, saugt man nicht nur Staub, sondern auch psychischen Müll, sogar wertlose Gedankenformen, die in der Luft hängengeblieben sind. Weil unsere Kultur nur Dinge wertschätzt, die man sehen und berühren kann, haben wir kein Bewusstsein für all jene Dinge, die sich, für uns unsichtbar, angehäuft haben. Doch sie sind real. Ohne unsere bewusste Aufmerksamkeit wird unser Leben zugemüllt – mehr als wir uns gewahr sind. Der Gläubige bereitet sich mit einem rituellen Bad vor. Wir mögen dies tun, indem wir am Eingang eines Tempels oder einer Moschee (oder auch dem Zuhause eines Freundes) die Schuhe ausziehen. Und genauso ist das Putzen eine wichtige Vorbereitung, um in unserem Alltag in Verbindung mit dem Heiligen zu leben.

Als ich begann, Vorlesungen zu halten und dafür quer durch Amerika reiste, war ich oft bei Leuten zu Gast. Ich hielt damals hauptsächlich Vorlesungen für Jung'sche Psychologen, und so übernachtete ich manchmal im Haus eines Therapeuten. Ich erinnere mich, dass ich einmal für eine Nacht das Bett im »freien« Zimmer bekam, das zugleich der Therapieraum meines Gastgebers war. Nach ein paar rastlosen Stunden gab ich den Versuch zu schlafen auf und mir wurde bewusst, dass ich in der psychischen Suppe seiner Patienten lag. Durch seine therapeutische Arbeit brachte der Therapeut unbewusste Gefühle an die Oberfläche, machte Schattendynamiken, Wut und Depression bewusst. Und so schwebten diese im Raum herum und warteten darauf, sich der nächsten Person, die das Zimmer betrat, anzuheften. Der Therapeut wusste nicht, wie man psychisch reinigt. Dies war leider nicht Bestandteil seiner Ausbildung oder seiner Praxis. Die Luft war vollbepackt mit psychischen Inhalten.

Dies ist nicht unüblich. Oft waschen sich Heiler nach ihrer Arbeit die Hände oder schütteln sie aus. Doch dann geht die Krankheit ins Wasser oder in die Luft, um dann von jemand anderem getrunken oder eingeatmet zu werden. Als meine Lehrerin in Indien bei ihrem Sufi-Meister war, vollbrachte er manchmal eine Heilung. Sie bemerkte, dass er nach jeder Heilung mit seinen Händen eine Schale formte und etwas zu seinem Mund führte. Sie wurde sich bewusst, dass er die Krankheit, die er geläutert hatte, innerlich verdaute, so dass sie nicht einfach in der Luft bleiben und sich jemand anderem anheften konnte.

Ökologisches Bewusstsein lehrt uns, wie wichtig Recycling und Kompostierung sind. Der Müll unseres Alltags sollte sich nicht einfach in einer Müllhalde ansammeln. Er darf auch nicht in unser Wasser gelangen, das, etwas weniger sichtbar, immer giftiger wird – voll von all den Beruhigungsmedikamenten und anderen Drogen, die durch unser System ins Wasser fließen, die Fische beeinträchtigen und Mutationen bewirken. Es gibt viele ökologisch bewusste Menschen, die es sich zur Praxis machen, so wenig Müll auf die Halde zu bringen wie möglich, und sich bemühen, Essen und Wasser zu sparen. Dies ist sehr empfehlenswert. Doch wenn wir spirituelle Ökologie praktizieren, wenn wir das Spirituelle in unser ökologisches Bewusstsein bringen, müssen wir uns *des ganzen* Mülls, den wir hinterlassen, bewusst werden. Wir müssen lernen, wie wir hinter uns aufräumen, wie wir einen leeren Raum halten – wie wir unsere Aufmerksamkeit dem Reinigen widmen.

Wenn wir dem Putzen eine besondere Aufmerksamkeit widmen, läßt sich psychischer Abfall mit dem Staub zusammen absorbieren. Unsere Aufmerksamkeit geht oft mit der Atmung einher – so arbeiten beide zusammen.[15] Wenn wir auf diese Weise arbeiten, beeinträchtigt uns der Abfall nicht. Für mich ist diese Praxis zutiefst befriedigend.

Unsere zeitgenössische Kultur lehrt uns, wie man etwas anhäuft, nicht aber, wie man sich von etwas entledigt. Doch für echte spirituelle Arbeit in der inneren und äußeren Welt, um dem Göttlichen Raum zu geben, um sich wieder dem Heiligen hinzuwenden, müssen wir im Alltag dieses Reinemachen zu unserer Praxis machen. Wir lernen, bewusst zu essen, auf unsere äußere Umgebung achtzugeben, unseren Hof zu wischen. Wir müssen auch lernen, unser Haus zu putzen, innerlich und äußerlich. So wie wir in der Meditation lernen müssen, unseren Verstand leerzumachen, das Wirrwarr unnötiger Gedanken wegzufegen, so müssen wir auch bewusst lernen, unser Wohnzimmer zu reinigen. Wenn wir abstauben, fegen, mit Achtsamkeit Staub saugen, bringen wir ein gewisses

Bewusstsein zum Kern unseres Seins. Dies hat mit Respekt für unsere Umgebung zu tun.

In einigen alten keltischen Ritualen gehen dem Ehepaar, wenn es sich nach der Hochzeit zur Feier begibt, ein Junge und ein Mädchen mit einem Besen voraus. Sie fegen die bösen Geister weg, damit das Paar eine glückliche Ehe führen kann. In diesen althergebrachten Ritualen liegt ein Wissen um die inneren Welten und wie sie in unserem Alltag wirksam werden. In der Praxis der spirituellen Ökologie arbeiten wir nicht nur mit der äußeren, physischen Welt, sondern auch mit den inneren Welten. Und dies müssen wir respektieren.[16] Wir müssen wieder lernen, wie wir mit Leichtigkeit leben, wie wir so wenig Müll wie nur möglich hinterlassen. Wir müssen wieder lernen, mit unseren Besen zu fegen. Es ist einfache, gute Hausarbeit – und sie ist wichtiger, als wir denken.

Reinigungspraxis

Zwar gibt es in vielen spirituellen Traditionen physische Reinigung durch Diät und Fasten oder innere Reinigung durch psychologische Arbeit, doch der einfache Akt der Reinigung der Umgebung wird oft übersehen. Doch wenn wir wirkliche Präsenz in unseren Alltag bringen wollen, müssen wir in einem Raum leben, den wir bewusst gereinigt und leer gemacht haben. Und wie viele Praktiken beginnt das Reinemachen mit Aufmerksamkeit, wird durch Disziplin erleichtert und bereitet Freude.

In unserer verschmutzten Kultur häufen sich Staub und Dreck rascher an, als uns bewusst ist, besonders, wenn wir in einer Stadt leben oder neben einer Straße. Unbemerkt wird das Fenster matt, das Licht scheint nicht mehr hell ins Wohnzimmer und eine

Staubschicht setzt sich in den Zimmern an. Oft nehmen wir nicht mehr wahr, was wir verloren haben. Doch durch unser regelmäßiges Hinschauen kümmern wir uns um unseren Lebensraum und lassen so mehr Klarheit und Licht herein.

Beginn damit, dass du dich in deinem Haus oder deiner Wohnung mit ehrlichem, offenem Gewahrsein umsiehst. Sind die Ecken voller Staub oder Spinnweben? Gibt es Orte, die sich einfach nicht besonders gut anfühlen?

Geh dorthin und wische den Staub und die Spinnweben, kehre den Dreck weg, fege den Boden und die Dinge, die dort sind. Stelle eine bewusste Verbindung her zwischen den Räumen und Objekten, die du reinigst, mit dem Gewahrsein, dass das Heilige in allem gegenwärtig ist, dass alles, ob belebt oder unbelebt, auf Liebe und Fürsorge anspricht. Nimm wahr, wie sich der Raum anfühlt, bevor und nachdem du ihn geputzt hast.

Sei dir deines Atems bewusst, während du putzt, spüre die Liebe, die von deinem Atem in deine Umgebung fließen kann, und die lebendige Verbindung, welche der Atem zwischen dem Inneren und dem Äußeren herstellt.

Schau dir die Dinge, welche du über die Jahre gesammelt hast, genau an. Schau in der Garage, in deinen Schränken und Regalen – in die Ecken, in denen du dich nur selten aufhältst. Besitzt du Haushaltsgegenstände, die du in den letzten Monaten und Jahren nicht gebraucht oder wertgeschätzt hast? Haben diese Dinge und der Raum um sie herum ebenfalls Staub und Dreck angesammelt? Wenn dem so ist, reinige sie mit liebender Aufmerksamkeit und gib dann die vernachläßigten Dinge jemandem, der sie mit Freude braucht und für sie sorgt. Hast du Kleider oder Schuhe, die du über mehr als ein Jahr nicht getragen hast? Frage dich selbst, wieso du an ihnen hängst. Wenn es dafür keinen guten Grund gibt, dann gib sie weg. Wenn es einen guten Grund gibt, dann behalte sie und trage sie mit einer neuen Wertschätzung. Vielleicht kannst du dich dazu verpflichten, jedes Mal, wenn du etwas Neues ins Haus bringst, etwas Altes wegzugeben.

Versuch es dir zur Gewohnheit zu machen, alles, was du nicht benutzt, auszuräumen. Und was bleibt, zu genießen oder zu respektieren und zu reinigen. Nimm dir jede Woche Zeit, dich um mindestens eine Zone deines Hauses oder der Außenräume zu kümmern. Einen Raum leer zu halten ist leichter, als damit zu kämpfen, sich des Drecks oder der Dinge, die sich über Jahre angesammelt haben, zu entledigen. Oder kehre zu der alten Praxis des Frühlingsputzes zurück, wenn, zur Feier der Jahreszeit und der Sonne, alle Fenster geöffnet, alle Regale geleert und das Haus von oben bis unten gereinigt wurde.

Wenn du damit fertig bist, nimm dir eine Minute Zeit, um den gereinigten Raum wertzuschätzen. Durch das Putzen schaffen wir einen Raum, der uns erlaubt, das zu sehen und zu würdigen, was da ist. Sieh zum Beispiel, wie der gereinigte Holzboden die Maserung und Knorren im Holz sichtbar macht, die von der Herkunft des Holzes erzählen.

Wenn wir saubermachen, können wir alle Dinge in unserem Leben so sehen, wie sie gerade jetzt sind, unabhängig von deren Nutzen für uns. Wenn wir eine Fliese reinigen, können wir den Mörtel und die Kraft des Steins spüren. Wenn wir ein Buch abstauben, achten wir seine Seiten und die Gaben der Worte. Wenn wir ein Fenster mit Wasser reinigen, können wir Wasser als reinigende Kraft ebenso ehren wie das Glas, welches das Licht übermittelt. In einem Raum zu sitzen, der von der Sonne erhellt wird, die durch ein sauberes Fenster scheint, kann sich anfühlen, als würde man im Inneren eines Diamanten sitzen. Empfange die Gaben, die ein gereinigter Raum dir geben kann.

In einem sauberen Raum kommen die inneren und äußeren Welten zusammen, und verbinden sich unmittelbarer. Wir können unsere Umgebung frei lieben und für sie sorgen, und sie wird diese Liebe tragen und uns zurückspiegeln. So ist es einfacher, in der lebendigen Ganzheit zu stehen, die uns auf so viele Weisen nährt.

Wirkliches Reinigen ist ein Ritual, so einfach und existentiell wie die Aufmerksamkeit, die wir unserem Essen schenken oder das Gehen auf heilige Weise. Es erinnert uns daran, wo wir sind und wie wichtig es ist, uns dort, wo wir uns täglich aufhalten, um den heiligen Raum zu kümmern. Das Reinigen als Praxis schenkt uns die Klarheit, die gewöhnlichen Dinge zu sehen und wertzuschätzen und sie, die wir nur zu oft ihrer Lebendigkeit beraubt haben, mit ihrem einzigartigen Dasein und Zweck als lebendige Widerspiegelungen des Heiligen wahrzunehmen.

Einfachheit

Einfachheit, Geduld, Mitgefühl
sind deine drei größten Schätze.
Mit einfachem Tun und Denken,
kehrst du zur Quelle des Seins zurück.
Geduldig mit Freunden und Feinden
bist du im Einklang mit dem Wesen der Dinge.
Mitfühlend gegenüber dir selbst,
versöhnst du alle Wesen
dieser Welt.

Lao Tsu

7

Einfachheit

Die Moken, das Volk der Bootsleute von Südostasien, besitzen kaum etwas. Sie können in ihren kleinen Booten nur mit sich tragen, was sie benötigen. In ihrer Sprache gibt es auch kein Wort für »Sorge«.

Doch als der Tsunami kam, waren sie aufmerksam und beobachteten das Wasser; sie sahen, wie die See sich zuerst haushoch türmte und dann zurückzog. Sie erinnerten sich ihrer Geschichten und Mythen, die besagen, was mit dem Meer geschieht. So steuerten sie ihre Boote auf das offene Meer hinaus und überlebten den Tsunami, während die Fischer des Ortes starben; ihre Boote wurden zerstört. Sie hatten nicht aufgepasst, waren nicht aufmerksam gewesen.[17]

Wie können wir so vollkommen aufmerksam sein, wenn unsere Leben mit so vielen Besitztümern, so vielen Anhaftungen, so vielen Wünschen vollgestopft sind? Werden wir genug Zeit haben, uns der Geschichten zu erinnern, zu beobachten und unsere kleinen Boote auf das offene Meer zu steuern? Oder werden wir uns, wie die ansäßigen Fischer, nicht gewahr sein, was der Augenblick von uns fordert und im Tsunami des Materialismus untergehen? Wir leben in einer Gesellschaft, in der wir unaufhörlich bombardiert werden. Unsere Aufmerksamkeit ist verzettelt, nicht länger nur durch die »zehntausend Dinge« der alten Welt, sondern durch zehn Millionen Dinge. Alles fordert unsere Aufmerksamkeit, will, dass wir konsumieren, kaufen, unser Geld und unsere Zeit geben. Und wir wissen noch nicht mal um die Tiefe und die Subtilität und Täuschungskraft dieses Geflechts des Konsumismus.

Wie können wir einen Raum von Klarheit und Achtsamkeit schaffen? Wie können wir zu dem zurückkehren, was essentiell ist? Wie können wir uns daran erinnern, was wirklich zählt, was unserem Alltag Sinn und Substanz gibt? Wie können wir zu einer Einfachheit des Lebens zurückkehren, welche die Einfachheit unserer essentiellen Natur würdigt, wo das Heilige Platz findet?

Als erstes müssen wir anerkennen, dass unsere ganze Kultur von unnötigen Verlangen besessen ist, und sehen, wie giftig das Anhäufen wirklich ist. Wir sind konditioniert und werden genötigt, mehr und mehr zu wollen – dies ist der Mythos des kontinuierlichen ökonomischen Fortschritts. Dieser Mythos ist ein Monster geworden, das unser Ökosystem zerstört, unser Geld und unsere Lebensenergie raubt. Es hat unser Bewusstsein mit seinen Slogans und Werbemelodien verschmutzt, die dazu geschaffen wurden, zu verzerren, zu manipulieren. Und wir sind uns der Macht der dunklen Magie dieses Mythos noch nicht einmal wirklich bewusst. Wir wissen nicht, wie sehr er uns im Griff hat, uns falsche Versprechungen für ein besseres Leben eintrichtert, uns versichert, dass die »Dinge besser laufen«, wenn wir ein Produkt kaufen. Das Monster füllt jede Ritze unserer Kultur aus. Wir werden dazu gedrängt, abgepacktes Essen zu konsumieren und sogar abgepackte Spiritualität. Die Zutaten unseres eigenen Lebens sind uns nicht mehr bekannt.

Als zweites müssen wir die Kraft haben, »nein« zu sagen. Gegen diesen giftigen Strom zu schwimmen. Gegen die Macht der leeren Versprechungen und die Unternehmen, die dahinterstehen, Widerstand zu leisten. Wir müssen zur Einfachheit in unserem Kern zurückkehren. Wieder tun, was wir brauchen und nicht, was wir zu wollen glauben. Nur dann können wir anfangen, die Musik des Lebens zu hören, die inneren und äußeren Bedürfnisse der Erde zu achten. Nur dann kann was heilig und wahrhaftig ist, in uns lebendig werden.

Drittens müssen wir lernen zu unterscheiden, Ordnung in unsere überstellten inneren und äußeren Räume zu bringen. In der klassischen Liebesgeschichte von Eros und Psyche wurde Psyche mit der fast unmöglichen Aufgabe betraut, einen riesigen Berg von Samen zu sortieren. Wie Psyche müssen wir die vielen Dinge in unserem Leben sortieren; wir müssen uns bewusst werden, was Wert hat, was wir wirklich brauchen.[18] Unterscheidungskraft auszuüben ist keine einfache Aufgabe. Doch Psyche erhält bei dieser Aufgabe von einigen hilfsbereiten Ameisen Unterstützung. Und auch wir bekommen Hilfe in Form einer instinktiven Weisheit, einer stillen Qualität, die in uns gegenwärtig ist, wenn wir aufmerksam sind. Und mit etwas Übung wird es allmählich einfacher. Wenn wir in unserem inneren und äußeren Leben immer mehr Raum schaffen, sind wir auch immer mehr im Einklang damit, was notwendig ist. Wir werden uns der Täuschungen und der falschen Versprechen von unnötigen Dingen immer bewusster. Wir sehen immer deutlicher, wie unsere Besitztümer weit mehr als nur Raum einnehmen; sie absorbieren auch unsere Aufmerksamkeit.

Ich persönlich liebe die Lebensweise der alten Taoisten, die Weise der Einsiedler, deren Spiritualität und Natur eine Einheit bildeten. Ihre Gedichte von den Wildgänsen, die hoch am Himmel vorüberziehen. Sie lebten eine elementare Einfachheit, die zu meiner Seele spricht: Sie besaßen nur ein Gewand und eine Schale. Und »der Mond im Fenster« war der Schmuck ihrer Berghütte. Ich habe versucht, diese Einfachheit in mein Leben zu bringen. Doch heutzutage scheinen wir so viele Dinge zu benötigen, um über die Runden zu kommen. Wieder und wieder habe ich versucht, mein Zimmer zu räumen, besonders als ich jünger war. Doch das Familienleben verlangte nach mehr Besitztümern – viel mehr als ein Mönch in seiner Hütte braucht – und sogar so noch beklagten sich meine Kinder, dass ich viel zu viele Dinge wegschmeißen würde.

So habe ich über die Jahre versucht, stattdessen eine innere Einfachheit zu bewahren, in möglichst vielen Augenblicken des Tages einen leeren Raum zu schaffen. Mit dem Älterwerden spüre ich nun wieder die Anziehungskraft dieser anderen Landschaft, die Sehnsucht nach einer kleinen Hütte und regennassen Hügeln – vielleicht im wunderschönen und öden schottischen Hochland, das ich als Kind kannte. Doch mein Leben bleibt gefüllt, wenn auch mehr mit Menschen als mit Besitztümern. So bewahre ich mir diese Einfachheit als ein inneres Geheimnis, als eine Leere, nach der ich mich sehne.

Und trotzdem muss ich vorsichtig sein. Ich benutze moderne Technologien: einen Computer, das Internet. Und ich liebe es, auf meinem iPod Musik zu hören. Überall um mich herum spüre ich diesen Konsumismus und sein dunkles Geflecht aus Wünschen, die uns so einfach einfangen, weit mehr als wir uns bewusst sind. Und oft ist es nicht genug, dass wir den physischen Abfall in unserem Heim auskehren; es braucht auch eine Einfachheit darin, wie wir unsere Zeit verbringen, wie wir unsere Aufmerksamkeit gebrauchen. Wir müssen der Art und Weise, wie wir leben Aufmerksamkeit schenken.

Die Praxis der Meditation und der Achtsamkeit können die Schlacken in unserem Verstand klären. Einige Fahrten zum Second-Hand-Laden oder einem Hilfswerk helfen uns, Zeugs aus unserem Zuhause auszuräumen. Und dann ist stete Achtsamkeit notwendig, damit wir nicht erneut ständig Dinge anhäufen und den leeren Raum, den wir geschaffen haben, wieder füllen.

Doch nicht nur mit Gedanken und Dingen stopfen wir unser Leben voll, wir müssen auch achtgeben, dass wir nicht in andauernden Aktivitäten gefangen sind, in dem endlosen »Tun« statt »Sein«, auf das unsere Kultur so viel Gewicht legt. Wir brauchen Raum, um zu beobachten, zuzuhören, zu gehen, zu atmen – gegenwärtig zu sein. Das *Tao Te Ching* lehrt den Wert des Nicht-Tuns:

> Weniger und weniger wird getan,
> bis nichts mehr getan wird;
> Wenn nichts mehr getan wird,
> bleibt nichts ungetan.

Durch eine gewisse Leere können wir uns auf einen tieferliegenden Rhythmus einschwingen als das Klimpern konstanter Aktivität an der Oberfläche. Früher gaben uns die Rhythmen der Jahreszeiten und des Ackerbodens Halt. Nun müssen wir darum kämpfen, dass wir zu einem Rhythmus und einem Raum zurückkehren, der nicht durch Konsum vergiftet ist. Ein Rhythmus, der zu den Jahreszeiten des Heiligen gehört, wo das Leben noch seiner ursprünglichen Natur gemäß fließt. Einfachheit, Geduld und Mitgefühl können uns leiten und uns innerlich ausgerichtet halten. Nach und nach können wir wieder der Erde, Ihrer Weisheit und Ihrer Schönheit zuhören. Wir können das Klopfen Ihres Herzens und unseres Herzens fühlen. Wir können wieder die tiefe Zugehörigkeit spüren, die uns erlaubt, in jedem Augenblick gegenwärtig zu sein, nicht als Praxis, sondern als ein einfacher Zustand des Seins. Wir können uns erinnern, wieso wir hier sind.

Die Praxis der Einfachheit

Einfachheit ist die Essenz des Lebens. Im Lateinischen heißt einfach »simplex« und bedeutet unvermischt oder aus einem einzigen Teil bestehend. Einfache Dinge reflektieren diese essentielle Natur, die der ganzen Schöpfung innewohnt. Wenn wir die einfachen Dinge des Lebens wertschätzen, bringen wir uns selbst zu dieser Einheit, unserem wahren Zuhause zurück.

Alle Praktiken in diesem Buch sind eine Rückkehr zur Einfachheit. Atmen, Gehen, Gemüse anbauen, Kochen ... diese sind unser tägliches »Holz hacken, Wasser tragen«. Wenn wir das Essentielle in unserem Leben ehren, verbinden wir uns mit der Lebenskraft, die nicht von den Dramen unserer individuellen und kollektiven Psyche beeinträchtigt ist. Hier sind wir verbunden und offen.

Beginne damit, deinen einfachen, alltäglichen Aktivitäten besondere Aufmerksamkeit zu schenken. Stehe zum Beispiel morgens auf und stelle deine Füße auf den Boden. Halte inne. Du bist wach; du bist am Leben. Werde dir gewahr, wie dein Körper sich anfühlt und wie du mit den Füßen den Boden berührst. Nimm dich wahr, wie du zum Badezimmer gehst, in die Küche, zum Kaffee- oder Teetrinken. Sei dankbar für das Wasser in der Spüle, für die Orangen in deinem Saft, für die Milch in deinem Tee. Trinke langsam. Wertschätze dein Essen. Wertschätze deine Familie, die Sonne, die zum Fenster hereinscheint, die Schönheit, die du in deinem Partner oder deinen Kindern siehst.

Einfachheit offenbart sich selbst durch Langsamkeit, in den stillen Momenten, wenn du sehen, fühlen, schmecken, berühren kannst. Nimm dir während des Tages Zeit und bereite dem Hetzen ein Ende. Bewege dich mit Respekt und Offenheit durch den Tag.

Erstelle ein aufrichtiges Inventar deines Lebens. Schau auf die Dinge, die deine Zeit und deinen psychischen Raum beanspruchen. Schau auf deine Aktivitäten und deine Verpflichtungen. Was davon brauchst du tatsächlich? Welches sind

Gewohnheiten und Verstrickungen, die Raum einnehmen und dich belasten? Welche spiegeln deine wirklichen Werte wider, nähren deine Seele, berühren dich mit Liebe? Brauchst du oder willst du einfach den neuen Gegenstand, die neue Tätigkeit, auf die du aufmerksam geworden bist? Probiere für eine kurze Zeit, wie sich dein Leben ohne ein paar von diesen Dingen ausmacht. Vielleicht brauchst du sie ja gar nicht.

○ *Lass die Natur deine Lehrerin sein.* In der Natur sind wir Schüler der Einfachheit. Wie ein Baum der Sonne entgegenwächst, wie eine Katze sich neben dem Feuer ausstreckt, wie die Jahreszeiten unfehlbar wiederkehren – dies alles lehrt uns die Einfachheit dessen, was ist. Die elementare Natur unseres eigenen Lebens – der Zyklus von Geburt, Tod, Leid und Freud, und sogar Befreiung – spiegelt diese Einfachheit wider. Wir machen unser Leben vielleicht durch die Art und Weise, wie wir uns auf all dies beziehen, kompliziert – wir bekämpfen den Tod, vermeiden Leid, suchen nach Freiheit und Glück – aber das ist die Erfahrung, die wir darüberlegen, nicht das, was ist. Finde Wege, wie du dich auf die natürliche Einfachheit des Lebens ausrichten kannst, die unter den Komplikationen unserer menschlichen Erfahrungen verborgen liegt.

❀ *Kehre immer und immer wieder zurück zu dem, was einfach ist,* zu dem, was über die Zeit hinweg unverändert bleibt, was stetig durch den Nebel hindurchscheint. Frage dich, ob wir mehr als diese Dinge brauchen. Brauchen wir mehr als die Schönheit eines Holzapfelbaums im Frühling oder eines warmen Hauses im Winter? Mehr als das Rauschen des Wassers im Fluss, als eine Tasse Tee mit Freunden? Brauchen wir in unserem Leben mehr als Liebe?

Das Praktizieren von Einfachheit bedeutet nicht, dass wir alles wegschenken, eine herausfordernde berufliche Tätigkeit aufgeben, in eine Berghütte ziehen oder uns abkapseln. Es bedeutet einfach, dass wir sehr ehrlich schauen, was wir im Leben wertschätzen, was uns nährt, uns Freude und Sinn vermittelt und dass wir uns diesen Aktivitäten, Menschen und Dingen widmen.

Es mag sein, dass wir schließlich weniger besitzen oder einige unserer Gewohnheiten ändern, doch Einfachheit verlangt eine Rückkehr, nicht eine Zurückweisung – wir halten nicht nach etwas anderem Ausschau, sondern schauen hinter die Dinge und machen Innenschau. Wenn wir von einem Ort der Einfachheit aus leben, brauchen wir natürlicherweise weniger und sind dafür dem Leben gegenüber offener.

Scheue Einfachheit nicht. Sie kann sich kahl und leer anfühlen, denn sie ist frei von psychologischer Komplexität, frei von der Patina, die durch Bedürfnisse und Wünsche, die wir ansammeln, gebildet wird. Doch unsere Aufmerksamkeit und unsere aufrichtige Reaktion – Ehrfurcht, Dankbarkeit, Wertschätzung und Respekt – helfen diese Kargheit zu der reichsten menschlichen Erfahrung zu wandeln.

Gebet

Verwirrt bin ich
Von der Herrlichkeit
Deiner Schönheit,
Und ich wünschte ich sähe
Mit hunderten von Augen.

Ich bin das Haus der Gnade,
Und mein Herz
Ist ein Ort des Gebets.

Rumi

8

Gebet

Beten ist der Ruf unseres Herzens, das Flehen unserer Seele. Wenn wir betend auf dem Boden knien, berühren wir die unsichtbare Welt des Geistes, sprechen wir zum Unsichtbaren. Wenn wir im Gebet lauschen, öffnen wir uns einer nicht greifbaren Gegenwart – Herz, Verstand, Seele und Sinne sind wach. Das Gebet ist unsere Verbindung mit dem Göttlichen, das immer um uns herum und in uns ist.

In unserer geschäftigen Welt des unablässigen Tuns und Wirkens ist es ein Leichtes, die Macht des Gebets zu unterschätzen. Doch die Menschen haben seit Urzeiten gebetet. Es ist die einfachste und natürlichste Weise, mit dem Göttlichen zu kommunizieren. Das Gebet war auch für die Verbindung zur Natur und unsere Teilhabe an der Natur von elementarer Bedeutung. Die ältesten Höhlenmalereien in Frankreich, die unsere Sammler-Jäger-Vorfahren malten, zeigen Anrufungen der Geister der Tiere, während die ersten Bauern beteten, dass der Regen kommen und der Weizen wachsen möge. Es gibt eine Legende, die besagt, dass die Hopi bei ihrer Ankunft in Amerika nach Norden und Süden, Westen und Osten gereist seien, um sich dann in der ödesten Wüste niederzulassen, weil ihnen bewusst war, dass sie »mit Gebeten erfüllte Herzen« haben mussten, wenn der Regen kommen und ihren Mais bewässern sollte.[19] Auf diese Weise würden sie das Göttliche nie vergessen können. Das Gebet und die Natur sind seit Anbeginn miteinander verbunden.

Es gibt viele Möglichkeiten zu beten, von der Anrufung der Geister eines Landes, wie die Schutzgottheiten der Berge oder die Devas der Pflanzen, bis hin zum Gebet zu dem einen, transzendenten Gott. In meiner Erfahrung ist das Göttliche sowohl immanent als auch transzendent: verkörpert in allem, was wir sehen und berühren können, uns näher als unser Atem, näher als unsere Hände und Füße – und ebenso jenseits von allem, was existiert und nicht existiert, jenseits »sogar von unserer Idee des Jenseitigen.« Und unsere Gebete können –

durch das Mysterium des Herzens – zu beidem sprechen, zum Göttlichen im Innern und zum Göttlichen jenseits von allem.

Wenn das Herz das Göttliche bezeugt – durch Zuhören, durch Beobachten, durch innigstes Gewahrsein im Herzen, durch eine Empfängnisbereitschaft in unserem ganzen Wesen – ist dies eine tiefe Praxis, uns auf das Heilige auszurichten. Wie Rumi schreibt:

> Lass alles in dir zu einem Ohr werden, jedes Atom deines Wesens, und du wirst in jedem Augenblick hören, was die Quelle dir zuflüstert, nur dir und für dich, ohne dass meine Worte oder diejenigen von irgendjemand anderem notwendig sind. Du bist – wir alle sind – der Geliebte des Geliebten, und in jedem Augenblick, in jedem Ereignis deines Lebens, flüstert der Geliebte dir genau das zu, was du zu hören und zu wissen brauchst. Wer könnte dieses Wunder je erklären? Es ist einfach. Höre zu und du wirst es in jedem einzelnen vorüberziehenden Augenblick entdecken.[20]

Wenn wir beobachten und lauschen, entwickeln wir das Ohr des Herzens, das Auge des Herzens, die innere Empfänglichkeit der Seele. Und wenn wir dem Geliebten in der Schöpfung zuhören können, dem Wunder der Erde in all Ihren Formen, werden wir die Geliebte zu uns sprechen hören, so wie Sie zu unseren Ahnen gesprochen hat. Wir werden uns in einer ganzen und heiligen Welt wiederfinden.

Mein morgendlicher Spaziergang ist in vielerlei Hinsicht ein Gebet. In einem Gebet findet eine Begegnung statt: Ich begegne dem Einen und verbeuge mich vor Ihm, vor Seinen vielen Farben, Klängen und Düften. Natürlich vergesse ich das an manchem Morgen und nehme meine eigenen Gedanken mit auf den Weg. Doch dann werde ich erinnert – ich höre einen Wasservogel über das Wasser rufen, sehe die Sonne durch den Nebel leuchten – und ich erwache aus mir selbst und nehme sie deutlicher wahr, die Farben, die Klänge, die Schönheit, das Göttliche. Und einmal mehr bin ich im Einklang mit »der Welt, die aufgeladen ist mit der Herrlichkeit Gottes«.

Ich spüre, dass es heutzutage ganz besonders Not tut, dass unsere Herzen die natürliche Welt, in der wir leben, bezeugen. Unsere Welt ist dem Tod nah, weil das Heilige fehlt. Die Menschen waren seit alters her Vermittler zwischen den Welten, haben die Materie und den Geist verbunden, das Sichtbare und das Unsichtbare. Unsere Zeugenschaft, unsere Gebete können das Heilige in dieser Schöpfung erwachen lassen.

Und es gibt eine andere Form von Gebet, die mich in dieser Zeit, in der die Erde so in Bedrängnis ist, zutiefst berührt. Wir können mit unserem Herzen für die Erde beten, so wie wir für eine andere Person beten, für einen kranken Verwandten oder eine Freundin. Es ist hilfreich, zuerst anzuerkennen, dass die Erde nicht »gefühlslose Materie« ist, sondern ein lebendiges Wesen, das uns das Leben geschenkt hat. Dann öffnen wir unser Herz Ihrem Leid: dem physischen Leid, das uns in den aussterbenden Arten und im verschmutzten Wasser entgegentritt, dem tieferen Leiden unserer kollektiven Missachtung Ihrer Seele und Ihrer heiligen Natur. Von diesem tiefsten Gefühl aus nehme ich dann die Erde in mein Herz und aus tiefer Liebe übergebe ich Sie Gott, dem Schöpfer, meinem Geliebten. Es ist eine einfache und machtvolle Weise, der Erde in meinen Gebeten zu gedenken, eine Darbringung der Liebe.

Jeder von uns hat seine eigene Art zu beten, seine eigene Weise, in Bedrängnis und Sehnsucht zu flehen, auf die ruhige Stimme zu hören oder der tiefer und tiefer werdenden Stille Gottes zu lauschen und auch seine eigene Weise, das Herz in der spirituellen Praxis der Erde zu öffnen. Wir können auf so viele Weisen für die Schöpfung und mit der Schöpfung beten, nach innen lauschen und die Erde in unsere spirituelle Praxis einschließen. Das einfache Wunder einer Abenddämmerung zu bestaunen, ist schon an sich ein Gebet. Oder wenn wir morgens den Chor der Vögel hören und vielleicht diese tiefere Freude des Lebens fühlen und zu ihrer göttlichen Natur erwachen, während uns die Sterne nachts das Unendliche und Ewige in uns und in der Welt in Erinnerung rufen. Auf welche Weise auch immer wir uns hingezogen fühlen zu Staunen und zu Beten, was wirklich zählt, ist immer die Haltung, die wir in diesen intimen Austausch einbringen: Kommen unsere Gebete von Herzen oder sind sie bloß eine Wiederholung von Worten? Unsere Gebete werden immer über den Weg des Herzens gehört. Fühlen wir wirklich das Leiden der Erde, spüren Ihre Not, hören Ihren Schrei? Spüren wir diese Verbindung mit der Schöpfung und wie wir an diesem wunderschönen Wesen und seiner Not teilhaben? Dann sind unsere Gebete lebendig, ein lebendiger Strom, der aus unserem Herzen fließt. Dann wird jeder Schritt, jede Berührung ein Gebet für die Erde sein, eine Erinnerung an das, was heilig ist. Wir sind Teil der Erde, die zu Ihrem Schöpfer ruft, in Ihrer Bedrängnis aufschreit.

Gebetspraxis

Das Gebet ist ein Ort der Begegnung. In der Intimität des Herzens können wir mit dem Göttlichen in unseren tiefsten Nöten und Gefühlen gegenwärtig sein. Das Gebet ist seinem Wesen nach Kommunion. In der Stille unseres Wesens können wir bitten und erhalten. Wir bezeugen, was heilig ist.

Beten ist eine besondere Aufmerksamkeit im Herzen. Es beginnt mit einer inneren Leere und Zuhören. Sind wir in dieser Aufmerksamkeit gegenwärtig, dann kann das Gebet alles sein, das zu uns in der Sprache des Heiligen spricht. Es kann Liebe sein oder Sehnsucht, Dankbarkeit oder Lobpreis. Es kann eine innere Antwort auf die Schönheit der Flügel eines Kolibris sein, das Gewahrsein des Mondlichts, das durch das Fenster scheint, oder einfach nur, wenn man die Füße achtsam und liebevoll auf den Boden setzt. Eine leise Stimme des Göttlichen spricht zu uns oder etwas Stilles und Unbenennbares, das von einem tiefen, geheimnisumwobenen Ort auftaucht. Das Gebet kann ein Ruf sein und eine Antwort. Und ein Tanz zwischen den beiden.

Das Gebet beruht auf der Fähigkeit, zuzuhören, zu empfangen und mit dem Herzen auszudrücken. Wir können überall und jederzeit beten; wenn wir mit einer Praxis beginnen, mag es jedoch hilfreich sein, sich morgens oder abends eine bestimmte Zeit freizuhalten, wenn der Tag etwas weniger geschäftig ist und unser Verstand von selbst ruhiger. So kann sich unser Herz öffnen.

Die Gebetspraxis beginnt damit, dass wir uns einstimmen und bewusst einen inneren Raum freischaffen. Genauso wie wir die äußeren Räume reinigen und leer räumen müssen, um unsere ungeteilte Aufmerksamkeit dem Gebet zuwenden zu können, so müssen wir auch unsere innere Landschaft leer machen – von Gedanken, Ideen, Emotionen und Spannungen befreien, die uns an der Oberfläche des Lebens beschäftigen. Das bedeutet, dass wir uns auch von jeglicher Idee befreien, wie »Beten« ist oder sein sollte. Wenn wir uns auf den Atem konzentrieren, kann uns dies beim Leerräumen helfen. Eine einfache Technik ist es auch, sich vorzustellen, wie alle ablenkenden Gedanken oder Gefühle mit dem Ausatmen herausfließen. Dann kehrt man beim Einatmen die Aufmerksamkeit wieder nach innen. In der inneren Leere beginnen wir, uns in der Tiefe zu verbinden.

Wahres Gebet entspringt dem Herzen – mit den Worten des orthodoxen Mönchs Theophan dem Einsiedler: »Die konzentrierte Aufmerksamkeit im Herzen – dort beginnt das Gebet.« Dazu kann es hilfreich sein, unsere Aufmerksamkeit auf die Brust zu lenken, wo das Herz seinen Sitz hat, und sie dort zu lassen. Werde dir bewusst, dass im Herzen Bewusstsein und Absicht wohnen.

In der Tiefe des Herzens finden wir die heilige Essenz, die Quelle aller Gebete. Von dort können wir die heiligen rituellen Worte, die wir Gebete nennen, darbringen. Oder wir können spontane Gebete zulassen: wir können honorieren, was sich zeigt, was wir hören, fühlen, empfinden. Wir können willkommen heißen, was erscheint. Vielleicht beginnen wir mit einer

Absicht – wenn wir beispielsweise um Heilung für einen kranken Freund beten oder für die Erde, um Frieden für jemanden, der leidet, oder um Frieden in der zerstrittenen Welt oder um Verständnis in einer schwierigen Situation – und dann bringen wir diese Absicht dem Herzen dar. Oder wir können einfach im inneren Heiligtum der Seele gegenwärtig sein, in ihrer wartenden Stille. Für den Dialog mit der Heiligkeit im Herzen von allem ist das Beten von grundlegender Bedeutung. Eine regelmäßige Gebetspraxis, welche Form sie auch annehmen mag, bewirkt, dass der Dialog weitergeht, lässt uns in der Gegenwart des Heiligen verweilen.

Beten ist ein Wunder. Es öffnet das Tor des Herzens hin zum unendlichen Universum. Versuche, die Gebete nicht mit Erwartungen zu begrenzen, denn letztlich ist es gerade das Gebet, das uns über solche Begrenzungen hinausgehen lässt. Manchmal ist eine lauschende Stille die tiefste Antwort auf unsere Gebete.

Ein Sufi Heiliger wurde gefragt: »Wieso antwortet Gott nicht auf meine Gebete?« Er erwiderte: »Weil Er dir zuhört«. Es ist der Ruf des Herzens, die Kommunion der Liebe, die wirklich zählt.

Heutzutage ist es besonders wichtig, die Erde in unsere Gebete miteinzuschließen, unseren Herzen Raum zu geben, die Erde als lebendiges Wesen zu bezeugen. Zu viele von uns haben vergessen, wie nah wir Ihr sind – dass wir Sie atmen, Sie essen, den gleichen Körper haben, uns beim Sterben in Sie auflösen. Lass Sie in Deinen Gebeten sein, lass Sie in dein Herz ein, bitte Ihr Herz darum, dich willkommen zu heißen.

Im Gebet leben wir diese Möglichkeit des Verschmelzens, der Auflösung und der Wandlung. Begegnen wir im Gebet uns selbst? Dem Leben? Dem Göttlichen? Es ist alles Eins, im dynamischen Fließen des Herzens, das alles umfasst.

Tod

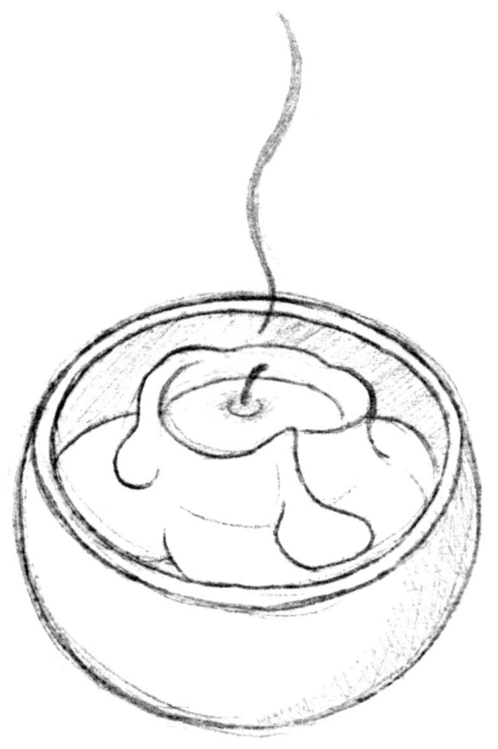

(ich der ich gestorben bin, heute lebe ich wieder,
und es ist dies der sonne geburtstag,
es ist dies der tag der geburt des lebens
und der liebe und schwingen: und dem frohen
großen, unbegrenzbaren geschehen erde)

E. E. Cummings

9

Tod

Leben und Tod gehören zusammen. Man kann nicht von ganzem Herzen das Leben bejahen, wenn man nicht auch das Sterben bejahen kann. Und doch leben wir in einer Kultur, die versucht, uns vom Tod abzuschirmen. Wir sind nicht Zeugen des Todes der Tiere, die wir essen, und oft isolieren wir alte Menschen in den letzten Monaten ihres Lebens. Wir trennen sie von ihrer Gemeinde und ihren Familien. Anstatt dass wir der Realität des Sterbens gegenübertreten, versuchen wir den Mythos der ewigen Jugend aufrecht zu erhalten, indem wir bis zum Lebensende jugendlich und aktiv sein müssen, während Schönheitschirurgen an Gesichtern herumschnipseln und zu verzerrten Abbildern machen, die nicht auf natürliche Weise

Falten bilden und alt werden. Wir hoffen immer, dass wir etwas festhalten können, dessen wahre Natur ein Fluss ist, eine Bewegung. Können wir uns in dieser Zeit des Übergangs nicht dem Mysterium des Todes öffnen? Viele Freunde haben mir erzählt, wie zutiefst bedeutungsvoll es für sie war, dem Sterben eines geliebten Menschen beizuwohnen.

Wir sind von einer natürlichen Welt umgeben, die uns unablässig die Geschichte des Todes erzählt, von einem herabfallenden Blatt im Herbst zu einem Falken, der vom Himmel herabstürzt, um ein kleines Nagetier zu töten. Gerade heute morgen habe ich eine junge, flaumige Eule tot am Wegrand liegen sehen. Und in meinem Garten gehören das Blühen und das Sterben zusammen. Der Blumenkohl, den ich ernte und koche ist eine Blüte, die das Ende eines Zyklus einläutet. Der Tod folgt der Erfüllung, und wie Shakespeare über den Tod gesagt hat: »Reife ist alles«. Wenn wir vom Tod abgeschirmt sind, sind wir auch vom Leben getrennt, von den Zyklen, die sinngebend sind und von den tieferen Rhythmen der Seele, die sich in der Natur widerspiegeln.

Die Natur braucht kein Facelifting. Sie ist ewig jung, weil sie immer stirbt. Sie ist der hundertjährige Baum, der in einem Gewitter gefallen ist, genauso wie sie die ersten Austriebe im Frühling ist. In Japan haben die Menschen diese Eigenschaft des Heiligen verstanden, denn sie bauten ihre Tempel aus Holz und nicht aus Stein, so dass sie diese immerfort neu erbauen mussten.

Wenn wir beobachten und darauf hören, was das Leben uns zu erzählen versucht, was die Erde uns auf so mannigfaltige Weisen sagt, dann vermögen wir dieses Mysterium des Todes in unser alltägliches Leben bringen. Auf dem spirituellen Pfad lernt man, wie man die Dinge sterben lassen kann, wie man zulässt, dass Dinge wegfallen. Man beginnt die Gesetzmäßigkeit von Wandel und Unbeständigkeit zu verstehen und zu lernen, wie man in allen Stadien des Lebens gegenwärtig ist. Wir lassen unsere Kindheit zurück, dann unsere romantischen Träume; sogar unseren spirituellen Träumen gestatten wir zu sterben, während wir darum ringen, uns aus dem Kokon der vielen Illusionen des Lebens zu befreien. Wahre Weisheit ist es, uns bewusst zu sein, wann ein Zyklus vollständig ist, wann ein Stadium der Lebensreise zu Ende gegangen, zur Vollendung gekommen ist.

Wieder und wieder sterben wir innerlich und werden wiedergeboren. Die vielen Verhüllungen unseres wahren Selbst werden weggezogen, wie die Schichten einer Zwiebel. Die Sufis sagen: »Ohne den Tod ist in der Liebe nichts möglich«, denn sie wissen, dass das Ego »sterben« muss, seine Macht verlieren muss, damit das Herz aufbrechen und die Weite des Göttlichen umarmen kann. Das Ego hat so viele Identitäten, so viele falsche Bilder von sich selbst, die allesamt sterben müssen, wenn wir das, was heilig und wahrhaftig ist, zu Gesicht bekommen und dann leben wollen. Und dies ist kein einzelnes Ereignis, sondern ein Sterben, das sich viele Male wiederholt. Der Winter folgt dem Herbst, in der Seele genauso wie in der Natur. Auch die Seele hat ihre Jahreszeiten.

In dieser Zeit, in der unsere Kultur versucht, das Leben keimfrei zu machen und uns vom Tod fernzuhalten, ist es unerlässlich, dass wir den Tod dem Leben zurückgeben. Nur dann können wir erkennen und im Bewusstsein halten, dass wir Teil dieser immensen Struktur von Leben und Tod sind, die auch jenseits von Leben und Tod ist. Das Ewige findet sich nicht nur im Himmel, sondern auch im dauernden Wandel des Lebens. Und die Erde ist hier, um uns dies zu lehren, wenn wir uns getrauen zuzuhören, wenn wir uns getrauen, ganz gegenwärtig zu sein und Ihren Geschichten zu lauschen, den steten Fluss des Lebens und Sterbens zu sehen, der uns überall umgibt.

Meine eigene Reise hat mich durch viele Tode hindurchgeführt; es ist mehr weggefallen als mir lieb ist zu erinnern. Einige Tode waren schmerzhafte, quälende Übergänge, manche einfach eine freudige Öffnung des Herzens. Immer und immer wieder habe ich das Sterben umarmt, immer und immer wieder bin ich erwacht zu einem neuen Gewahrsein, einer neuen Seinsweise.

Manchmal hat mich das Sterben dem physischen Leben nähergebracht, der Erde, den Vorboten des Frühlings, während es mich andere Male in die Welt des Geistes geführt hat – auf die andere Seite, wo ich mit den Engeln ging. Ich weiß, wie nahe wir der Welt des Geistes sind, wie sie uns berührt, auch wenn wir es nicht bemerken. Manchmal sehne ich mich danach, ganz von der physischen Welt frei zu sein, nicht nur in der Meditation oder dem Gebet, mich ganz im Licht aufzulösen, das wartet. Aber dann werde ich durch einen kurzen Blick auf die Schönheit der Erde zurückgezogen, durch das Netz einer Spinne im frühmorgendlichen Tau. Für mich gehören das Leben und der Tod zusammen, als Freunde, als Liebende. Ich kann mir das Leben nicht vorstellen ohne das Versprechen des Todes, des Neubeginns, des Wunders, wiedergeboren zu werden.

Um zu einer inneren und äußeren Beziehung zur Erde zurückzukehren, müssen wir das Mysterium des Todes, das jedes Jahr wieder in der Geschichte des Samenkorns erzählt wird, annehmen. Ohne Tod gibt es keine Wiedergeburt. Zum Heiligen zurückzukehren bedeutet, zum Tod zurückzukehren und sich der Wahrheit bewusst zu werden, dass der Tod ein Übergang ist, eine Transformation. Im Samenkorn, das in der Dunkelheit wächst, in der Raupe, die einen Kokon spinnt, um ein Schmetterling zu werden, erzählt die Erde Ihre Geschichten des Heiligen. Und so sehr diese die Geschichten Ihrer Reise sind, so sind sie auch unsere Geschichten und die Geschichten unserer gemeinsamen Reise.

Es macht in der heutigen Zeit den Anschein, dass unsere Kultur stirbt, auch wenn sie versucht, uns ewige Jugend zu versprechen. Von ihren Wurzeln in der Erde und von ihrem Gefühl für das Heilige abgeschnitten, zerstört sie ihr eigenes Ökosystem mit einem krankhaften Materialismus, der sich auf die Dauer nicht aufrechterhalten lässt. Wenn wir in dieser Zeit ganz gegenwärtig sein wollen, um die Erde in dieser Transformation zu unterstützen, müssen wir sowohl den Tod als auch die Geburt, sowohl den Winter als auch den Frühling willkommen heißen. Wenn wir erst einmal verstehen, wie sehr wir sowohl physisch als auch spirituell verbunden sind – wie unser Körper Teil des Körpers der Erde ist und unsere Seele Teil Ihrer Seele – dann können wir erkennen, wie unser spirituelles Gewahrsein, wie eine Spiritualität, die im Heiligen in der Schöpfung gründet, der Erde helfen kann, diese Veränderung zu vollziehen. Viele Arten werden aussterben und dies wird noch jahrzehntelang weitergehen. Wir können diesem sechsten Massensterben, dem ersten, das hauptsächlich durch Menschen verursacht ist, nicht entkommen.[21] Aber wir können an der Geburt einer neuen Geschichte teilhaben, eines neuen Gewahrseins, das die heilige Einheit erneut erkennt. Wie diese Geschichte ins Leben kommen und sich entwickeln wird, wissen wir nicht – jetzt gerade sehen wir um uns herum viele Anzeichen des Todes und nur einige wenige Sprösslinge der Wiedergeburt. Doch wir können dieses neue Geschehen bejahen. Wir können Teil davon sein, sogar Mitschöpfer dieser neuen Geschichte der Erde sein.

Gerade vor und zur Zeit des Todes wird den Menschen eine spezielle Gnade zuteil, um diesen Übergang über das Leben hinaus zu vollziehen. Viele Menschen fühlen diese Gnade als einen bestimmten Frieden oder sogar Licht in der Gegenwart einer sterbenden Person. Natürlich ist nicht jedes

Sterben so; es gibt auch viele Menschen, die sich wütend gegen das Sterben des Lichts auflehnen. Aber denjenigen, die es bejahen, wird die Gnade als ein Geschenk gegeben. Zu dieser Zeit des Übergangs für die Erde, wenn so viele Ihrer Arten und so viel von Ihrer Schönheit und viele ihrer Wunder sterben, ist auch Gnade gegenwärtig. Diejenigen, die mit der Erde im Einklang sind, fühlen diese Gnade und lernen, damit zu arbeiten: gegenwärtig zu sein mit dem Mysterium und Wunder der Erde in den inneren und äußeren Welten und zu tun, was nötig ist.

Die Praxis des Sterbens

Das Gewahrsein des Todes ist eine spirituelle Praxis, die so grundlegend ist wie das Gewahrsein des Atems. Die Sufi-Derwische meditieren während der Nacht auf einem Friedhof, um ihre Furcht vor dem Sterben zu bezwingen. Die Tibetischen Mönche tanzen den »Skelett-Tanz« zu Ehren der Unbeständigkeit und der Veränderung, während die christlichen Mönche einen Schädel betrachten als ein memento mori*, eine Erinnerung an die Sterblichkeit.*

Der Tod ist so heilig wie die Geburt. Er weckt uns auf. Er öffnet uns für das Unbekannte, für die größten Mysterien des Lebens. So spiegelt er in unseren Leben eine Sicht auf das, was wirklich zählt. Heutzutage kann uns eine Praxis des Sterbens, die uns an die Unbeständigkeit erinnert und uns auf Veränderung vorbereitet, in diesem Augenblick unserer kollektiven Geschichte helfen.

Der Schlüssel zu einer Praxis des Sterbens ist Präsenz. Auch wenn sich unsere Kultur vielleicht vom Tod abwendet, müssen wir uns dennoch seiner bewusst sein und ihn vergegenwärtigen. Wir können die kleinen Sterbeprozesse in unserem inneren und äußeren Leben reflektieren und unsere Bereitschaft, von Bindungen, Beziehungen oder Identitätsmustern loszulassen. Wie frei folgen wir den Veränderungen des Lebens? Wir sehr hängen wir uns an etwas, das uns nicht mehr länger dient?

Wir können auch die Praxis unserer liebenden Aufmerksamkeit kranken oder sterbenden Menschen zuteil werden lassen. Viele von uns haben Freunde oder Familienmitglieder, die mit dem Tod oder einer Krankheit konfrontiert sind oder ganz einfach alt werden. Sei mit ihnen. Bringe keine andere Absicht mit als diejenige, da und verfügbar zu sein. Mit jemandem zusammen zu sein, der im Sterben liegt, nimmt uns mitten in das größte Transformationsgeschehen des Lebens, wo gleichzeitig Kampf und Gnade gegenwärtig sind. Oft leiden die Menschen, die dem Tod nahe sind, entweder an physischen Schmerzen oder psychischen Schmerzen, die daher rühren, dass sie keine Kontrolle mehr haben und verlieren, was sie für das Allerwichtigste hielten. Vielleicht können wir kaum helfen; aber wir können mit einem offenen Herzen diesen existentiellen Moment teilen und das Potential der Hingabe spüren – den Frieden und die Gnade, welche den Sterbenden helfen, das Ausmaß des Geschehens zu akzeptieren. Der Tod ist immer Transformation. Was dabei zählt, ist, ob wir diesen Übergangsritus willkommen heißen und ehren.

Das Leiden der Sterbenden zu bezeugen, ist sehr machtvoll, denn ihr Leiden zwingt uns dazu, uns mit unserer Furcht vor der Hingabe auseinanderzusetzen, etwas jenseits unseres Intellekts zu vertrauen, oder uns damit zu konfrontieren, wie wir gelebt haben. Bring das Sterben in dein eigenes Leben, indem du dich selbst fragst: Wenn ich wüsste, dass ich sterbe, wie würde ich die Zeit verbringen, die mir bleibt, die Tage, Wochen oder Monate, die ich noch habe? Was ist am sinnvollsten? Was aus meiner Vergangenheit würde ich bereuen? Lass zu, dass deine Antworten Veränderungen unterstützen, darin, wie du deine Zeit verbringst, was du wertschätzt, in was du investierst. Lass alte Gewohnheiten los. Schaffe einen Raum für das, was dich und das Leben selbst tatsächlich unterstützt, was wirklich zählt.

Wir können dieses Gewahrsein auch der Erde und den unzähligen Tier- und Pflanzenarten, die aussterben oder vom Aussterben bedroht sind, zuteil werden lassen. Lasse das Wissen darum zu und spüre das Leiden und den Tod, den die Erde, die Tiere und Pflanzen, die Ozeane und die Luft heimsucht. Spüre in deinem Herzen die Trauer und erkenne die Ausrottung an – die Vergiftung, die Entheiligung, die Verluste – die täglich geschehen. Scrolle nicht nur rasch über eine Facebook Nachricht, die besagt, dass wieder Wale an die Küste geschwemmt wurden, die aus unbekannten Gründen gestorben sind. Während du die Zeitung liest, beachte die kleinen Geschichten über noch eine Schmetterlings-Sorte, eine Frosch-Art, die aussterben, über den Zustand der Bienenvölker, darüber, dass wieder ein Wald der Gewinnung von Bodenschätzen zum Opfer fällt. Sei aufmerksam, spüre, was der Erde in deiner eigenen Nachbarschaft und in den Städten geschieht. Lass zu, dass dein Herz schmerzt. Nur wenn wir uns ganz mit unserem Verlust konfrontieren und diesen und unsere Trauer aufrichtig spüren, können wir den Weg für das neue Leben, das uns erwartet, freimachen.

Frage dich selbst: Wie kann ich den Tod zu einem Teil meines Lebens werden lassen? Wie kann die Gegenwart des Todes mir helfen, vollständiger zu leben, mehr und mehr mit der Quelle in Berührung zu sein? Woran halte ich fest, das zu meinem Leiden und zum Leiden anderer beiträgt? Wie kann ich loslassen und Teil dessen werden, was neu ins Leben kommt?

Der Fluss fließt schnell. Viele von uns klammern sich am Ufer fest oder ertrinken im toten Wasser bedeutungsloser und überholter persönlicher und kultureller Strukturen. Andere lassen zurück, was sie nicht auf der weiteren Reise unterstützt – Beziehungen, Hoffnungen, Gewohnheiten. Fürchte dich nicht vor dem Tod und dem Mysterium, das in unserem Leben widerhallt. Wir müssen das enorme Ausmaß dessen, was in unserer Welt heutzutage geschieht, spüren – die Freude, die Freiheit und den Schmerz – um die Macht und die Gnade zu erfahren, die diesen kollektiven Tod und genauso unsere Geburt leiten.

Sinngebung
und das Heilige

Auf der Suche nach dem Dharma bist du
zehntausend Stufen hoch gestiegen,
hast während so vieler langer Tage
in den Archiven Abschrift um Abschrift erstellt.
Die Ernsthaftigkeit des Tang und die Tiefe des Sung
sind schweres Gepäck.
Hier! Ich habe dir einen Strauß Wildblumen gepflückt.
Ihr Sinn ist derselbe
doch sie tragen sich leichter.

Hsu Yun (Leere Wolke)[22]

10

Sinngebung und das Heilige

Wenn ich frühmorgens mit dem Ruf einer Eule in den Bäumen erwache, empfinde ich mich als Teil von etwas, das sich um mich herum ausdehnt, Teil der Lebensader, die durch alles fließt, was existiert und dem Leben Bedeutung verleiht. Wie könnte ich ohne diesen Herzschlag leben, ohne dieses Gefühl der Verbundenheit? Das Leben spricht auf so viele Weisen zu mir: Von einem einfachen menschlichen Austausch am Schalter des Postbüros oder in der Bäckerei – einem Lächeln, einem Gruß – bis zu den abendlichen Wolken, die sich immer wieder formieren und umgruppieren, rosafarben vor der untergehenden Sonne. Dies ist wirkliche Bedeutung, in meine Tage verwebt – die Geschichte des Lebens, die sich jeden Tag neu erzählt. Es ist das Heilige, das in jedem Augenblick lebendig ist.

Wir sind vom Heiligen umgeben; es ist der Wesenskern unseres Seins und derjenige der Erde. Es ist die essentielle Natur von allem, was existiert. Das »Heilige« ist nicht vor allem etwas Religiöses oder gar Spirituelles. Es ist keine Eigenschaft, die wir lernen oder entwickeln müssen. Es gehört zu der ursprünglichen Natur von allem, was ist. Wenn unsere Vorfahren wussten, dass alles, was sie sahen, heilig war, so war dies kein Wissen, das ihnen gelehrt wurde, sondern etwas, das sie instinktiv erkannten. Es war so natürlich wie Sonnenlicht, so notwendig wie das Atmen – ein grundlegendes Erkennen des Wunders, der Schönheit und der göttlichen Natur der Welt. Aus diesem Gefühl für das Heilige entsteht wirkliche Bedeutung, die Bedeutung, die unsere Herzen singen lässt, im Einklang mit dem tiefsten Sinn des Lebendigseins.

Tragischerweise scheint unsere gegenwärtige Kultur diese vitale Qualität aus dem Blick verloren zu haben. Stattdessen leben wir an der Oberfläche, getrennt von der wirklichen Substanz, die dem Alltag schon seit jeher Tiefe und Sinn verliehen hat. Man sagt uns, wir sollen in unserem individuellen Leben Bedeutung finden, doch um uns herum erzählt uns das

Leben selbst eine andere Geschichte – dass wir Teil der Erde sind, dass wir zu einer Gemeinschaft allen Lebens in seinen unzähligen Formen gehören. Nur wenn wir diese heilige Einheit erkennen und leben, können wir den wahren Sinn, den das Leben uns darbietet, finden und erfahren. Und so müssen wir Wege finden, wie wir uns erinnern und wiederverbinden können, wie wir wieder spüren, was uns alles umgibt.

Sinn ist das, was uns aus der Tiefe der Seele ruft. Es ist das Lied, das uns ins Leben singt. Ob wir ein bedeutungsvolles Leben führen, hängt davon ab, ob wir diesen Gesang, diese ursprüngliche Musik des Heiligen hören können. Leider sind wir heutzutage von so vielen Dingen abgelenkt, gefangen in den Abhängigkeiten unseres Konsumverhaltens. Und so vieles vom Leben wird dadurch verhüllt. So wie die unendliche Majestät der Sterne von den Lichtern unserer Städte verdeckt wird, so geht die Musik der Seele im unablässigen Trubel des Lebens unter. Wunder und Mysterien sind uns immer weniger zugänglich. Unsere Kultur scheint den Faden verloren zu haben, der die innere Welt, aus der heraus Sinn entsteht, mit der äußeren Welt verbindet. Die Geschichten der Seele werden nicht mehr länger erzählt. Stattdessen haben sich unsere Träume in materialistische Wünsche verwandelt. Sogar die Spiritualität wird oft auf dem Marktplatz verkauft. Eine weitere Droge, die verspricht, uns zu besänftigen, die wachsende Angst, das etwas Grundlegendes fehlt, zu überdecken.

Um Sinn zu finden, müssen wir unser Gefühl für das Heilige wiedererlangen, unser Gefühl für etwas, das unsere Kultur zu übersehen oder zu vergessen scheint. Das Heilige ist eine grundlegende Eigenschaft des Lebens. Es verbindet uns mit unserer Seele und dem Göttlichen, der Quelle von allem, was existiert. Das Heilige kann in jeder Form gefunden werden: in einem Kieselstein oder einem Berg, im ersten Schrei eines neugeborenen Kindes und im letzten Atemzug einer sterbenden Person. Es kann in einem Laib Brot auf einem Tisch, bereitgestellt für eine Mahlzeit und in den Worten, die das Mahl segnen, gegenwärtig sein. Das Erinnern des Heiligen ist wie eine zentrale Note im Leben. Ohne diese Erinnerung fehlt es unserem Leben an zutiefst Grundlegendem, es fehlt eine Grundnahrung, die Bedeutungstiefe.

Wenn wir diese Musik fühlen, wenn wir dieses Lied spüren, leben wir unsere natürliche Verbindung mit der Erde und allem Leben. Bedeutung ist nicht etwas, das uns gehört. Es ist vielmehr so, dass unser Leben »bedeutungsvoll« wird, wenn wir diese Verbindung leben, wenn wir sie unter unseren Füßen spüren, wenn wir die Straße entlanggehen, im Duft einer Blume, in den Regentropfen. Ich habe das große Glück in der Natur zu leben. Auf meinem Morgenspaziergang spüre ich, wie der Tag erwacht, fühle diese einfache Verbindung: Wie die Erde zusammen mit mir atmet, wie Sie die Sprache der Seele spricht und vom Mysterium des Lebens erzählt. Hier ist Sinn so etwas Einfaches wie eine Apfelblüte, die aufbricht; wie ein junger Falke, dessen Federn noch flaumig sind; wie der Nebel, der über dem Wasser aufsteigt.

Die Kapitel und Praktiken in diesem kleinen Band sind einfache Weisen, wie wir uns wiederverbinden können, sodass wir die Musik, das Lied unserer lebendigen Verbindung mit der Erde wieder fühlen können. Sie ermutigen uns, langsamer zu werden, zu lauschen, zu spüren, zu fühlen und aufmerksam zu sein. Sie wenden unsere Aufmerksamkeit von den Fantasien und Verlangen weg und hin zu dem, was ist, wo Sinn wartet. Es gibt natürlich viele andere Weisen, um das Heilige in unserem Alltag zu erwecken, um die Bedeutung zu spüren, die in allem gegenwärtig ist, wie Lebenssaft, der durch uns und durch die Erde fließt. Wie Rumi sagt: »Es gibt zehntausend Weisen, sich hinzuknien und den Boden zu küssen.«

Es ist dieser heilige Grund, der uns ruft, der unsere lebendige Gegenwart, unsere Aufmerksamkeit braucht.

Wir sind alle Teil eines lebendigen Wesens, das wir Erde nennen und das ungleich viel magischer ist, als wir zu fassen vermögen. Die Erde schenkt uns Leben und Ihr Wunder nährt uns. In Ihrem Sein kommen die Welten zusammen. Ihre Samen geben uns Brot und Geschichten. Über Jahrhunderte waren die Geschichten der Samen für die Menschheit von zentraler Bedeutung, in Mythen wieder und wieder erzählt – Geschichten der Wiedergeburt, des Lebens, das sich selbst in der Dunkelheit wieder neu erschafft. Nun haben wir diese Geschichten fast gänzlich vergessen. Wir sind in unserem isolierten, getrennten Selbst gestrandet, und wir wissen noch nicht einmal, wie ausgehungert wir sind. Wir müssen einen Weg finden, uns wieder mit dem zu verbinden, was essentiell ist. Wir müssen wieder lernen, in einer heiligen Weise zu gehen, mit Achtsamkeit zu atmen, mit Liebe und Gebeten zu kochen, einfachen Dingen unsere Aufmerksamkeit zu schenken. Wir müssen lernen, das Leben in all seinen Farben und Düften willkommen zu heißen und wieder und wieder zu bejahen. Dann wird uns das Leben die Verbindung zu unserer eigenen Seele wieder zurückgeben und wir werden sein Lied erneut hören. Dann wird Sinn als ein Geschenk und ein Versprechen wiederkehren. Und etwas in unserem Herzen wird sich öffnen, und wir werden wissen, dass wir zu Hause angekommen sind.

Anmerkungen

1. Diese Praxis gleicht der sufischen Praxis des »Wohin auch immer du dich wendest, da ist das Antlitz Gottes.«
2. Der große Sufi Ibn 'Arabī schreibt darüber: »... alles, was existiert, aus den verborgenen Tiefen der geheimen Bedeutung des Wortes »*kun*« stammt«. Er beschreibt seine Vision des gesamten Universums als Baum: »... und der lebensspendende Saft fließt in unseren Adern, die Macht, die ihn wachsen lässt und blühen und Früchte tragen, ist das Reich des Ungeschaffenen ... wo das Geheimnis des Wortes *kun* verborgen liegt.« Aus Ibn 'Arabī, *The Tree of Being*, übersetzt von Shaykh Tosun Bayrak, Seiten 90 und 100.
3. »Deep Breathing«, Shen Hu Xi and Kenneth Cohen, zitiert aus *Meditations for InterSpiritual Wisdom*, hrsg. von Netanel Miles-Yepez, 2011, S.148.
4. Im Taoismus ist es *Chi*, im Hinduismus *Prana*, *Ruah* und *Ruh* im Judentum und im Islam, im Christentum *Pneuma*.
5. Bahā ad-Dī n Naqshband, aus dem ersten der elf Prinzipien der Naqshbandi.
6. Interessanterweise beschreiben einige Sufi-Lehren das Gegenteil. Der Einatem bringt uns in die Welt der Schöpfung und der Ausatem wieder zurück zur Quelle: »Das letzte Ausatmen [d.h. der letzte Atem von jemandem an der Schwelle des Todes] symbolisiert die Erlangung der Unveränderlichkeit, welche der illusorischen Unbeständigkeit der Schöpfung und Auflösung unterliegt, die Erkenntnis der Wahrheit, dass ›Gott ist und dass nichts neben Ihm ist. Er ist jetzt wie Er immer war.‹« Zitiert von Martin Lings, *A Sufi Saint of the Twentieth Century*, S.159.

7. Dies lässt sich mit der taoistischen Form des Atmens vergleichen, die das Chi verstärkt und so Heilung und allgemeines Wohlbefinden bewirkt.
8. UN Food and Agriculture Organization, zitiert in *The Economist*, 12. März 2012.
9. Dies findet sich wieder in Ibn 'Arabīs Vision des Baumes des Seins, der aus dem Samen erwuchs, der gesät wurde, als Allah sagte »*Kun!*« [»Sei!«]. Siehe *The Tree of Being*, S.91.
10. Es gibt viele andere solche Geschichten, wie die Parabel der Samen in Matthäus 13, oder die Legende der Apachen, in denen ein Truthahn die Menschen mit den ersten Mais- und Kürbiskörnern beschenkt.
11. »The Dharma of Taking Meals«, zitiert von Shohaku Okumura, *Living by Vow: A Practical Introduction to Eight Essential Zen Chants and Texts*, S.89.
12. Dogen fragte den alten Koch: »Wieso seid ihr, eine Person von solch hohem Alter mit so einer mühseligen Arbeit als Kochmeister beschäftigt, statt Zazen zu praktizieren oder die Koans der alten Meister zu studieren? Lohnt sich diese Arbeit in irgendeiner Weise?« Auf diese Frage lachte der alte Mönch laut heraus und sagte: »Sie, ein guter Mann aus einem fremden Land, verstehen vielleicht nicht, wie der Weg praktiziert wird …« Von *Eihei Dogen: Mystical Realist*, Hee-Jin Kim, S.27.
13. Dasselbe kann man mit Nähen oder Stricken machen. Dann ist das Gewebe und der Faden oder Zwirn mit göttlicher Erinnerung durchdrungen – ein wahres Geschenk für den, der es trägt.
14. Die Geschichte von *Babettes Fest* von Isak Dinesen ist eine wunderschöne Geschichte darüber, was geschehen kann, wenn Kochen zu Magie wird.
15. Im Sufismus praktizieren wir mit dem Herzen, und so werden die Dunkelheit und Abfälle auch mit Liebe durch das Herz absorbiert. Die Sufis werden manchmal die »Auskehrer« genannt, denn sie kehren den Müll, den Staub der Welt, den andere zurücklassen, weg.

16. Bei »inneren Welten« meine ich jene Welten, die für unsere physischen Augen unsichtbar sind, jedoch in anderen Dimensionen der Wirklichkeit existieren: z.B. die Welt der Engel, die Welt der Devas und der Naturgeister, die archetypische Welt der Symbole, die innere Welt der Seele und die Weltseele (*die Anima Mundi*). Unter anderem haben Schamanen, Mystiker und Seher traditionell Zugang zu verschiedenen inneren Welten. Leider hat die Kultur des Westens in einem enormen Akt der Zensur die Existenz dieser inneren Welten verleugnet. Diese Zensur erfolgte teilweise durch den wissenschaftlichen Rationalismus, doch auch durch die Katholische Kirche, die jene verfolgte, die – wie die Gnostiker – einen direkten Zugang zu den inneren Welten besaßen.
17. Vor dem Tsunami von 2005, der so viele Menschenleben forderte, erkannten die nomadischen Moken Seefahrer, die um die Inseln des Meeres von Adaman vor Myanmar (Burma) lebten, die Zeichen des kommenden Unglücks wegen der Delphine und anderen Fischen, die plötzlich ins tiefe Wasser schwammen. So segelten sie mit ihren Booten von der Küste weg und ritten auf den Wellen, anders als die Fischer von Burma, die nicht auf die Zeichen der Natur achteten und nahe bei der Küste blieben und mit ihren Booten durch den Tsunami zerstört wurden. Die Moken sagten von den burmesischen Fischern: »Sie haben Tintenfische gefischt, sie haben auf nichts geachtet. Sie sahen nichts, sie beobachteten nichts. Sie wissen nicht, wie hinzusehen.«
18. In dieser Liebesgeschichte aus der klassischen Mythologie, wird Psyche von Aphrodite eine Anzahl scheinbar unmöglicher Aufgaben auferlegt. In *She: Understanding Feminine Psychology*, gibt uns Robert Johnson eine einfache und tiefe Interpretation dieser Geschichte in Verbindung zur weiblichen Psychologie.
19. Die Hopi Bauern haben traditionellerweise kein Bewässerungssystem be-

nutzt, sondern »trockene Landwirtschaft« ausgeübt, was ein »wahrer Akt des Glaubens darstellt, der auf harter Arbeit, Bescheidenheit, Fürsorge und aufrichtigem Gebet beruht, damit es genug regnete, um ihr Korn zu versorgen«. Rosanda Suetopka Thayer, *The Observer.*

20. *Light upon Light*, übersetzt von Andrew Harvey, S.99. In seiner Enzyclika *Sorge um das gemeinsame Haus*, zitiert der Papst Francis einen Sufi Mystiker, der ein ähnliches Bewusstsein des Lauschens auf das Göttliche in allem beschreibt. Ali al-Khawas schreibt: »Es gibt ein subtiles Geheimnis in jedem der Bewegungen und Geräusche dieser Welt. Der Initiierte wird auffangen, was gesagt wird, wenn der Wind weht, das Wasser fließt, die Fliegen summen, die Türen knarren, die Vögel singen. Er wird es im Klang der Saiten oder Flöten hören, den Seufzern der Kranken, dem Stöhnen der Leidgeprüften …« (S. 168n).
21. In den letzten Jahren haben viele wissenschaftliche Berichte bestätigt, dass die Erde nun in eine neue Phase des Aussterbens eingetreten ist, ihr sechstes großes Massensterben mit einem beschleunigten Artensterben aufgrund der Umweltverschmutzung und der Zerstörung der natürlichen Lebensräume. Diese Ära, die Anthropozen genannt wird, ist eine von menschlicher Aktivität geprägte Zeit, die einen maßgeblichen Einfluss auf das Klima und die Umwelt ausgeübt hat.
22. »Searching for the Dharma«, *Six Poems by Hsu Yun*, Siehe: www.hsuyun.org.

Danksagung

Für die Erlaubnis durch Copyright geschütztes Material zu zitieren, dankt der Autor Andrew Harvey für *Light upon Light*; Counterpoint Press für *The unforeseen Wilderness: Kentucky's Red River Gorge*, Copyright ©1991 von Wendell Berry und *The Art of the Commonplace: The Agrarian Essays of Wendell Berry*, copyright © 2002 von Wendell Berry; und Liveright Publishing Corporation für die Erlaubnis, Zeilen aus *»I thank You God for most this amazing«*. Copyright 1950, ©1978, 1991 durch Trustees des E.E. Cumming Trust. Copyright ©1979 von George James Firmage aus *Complete Poems: 1904-1962 von E.E. Cummings*, editiert von George J. Firmage.

Über die Autoren

LLEWELLYN-VAUGHAN-LEE, Dr. phil., 1953 in London geboren, folgt dem Sufi-Pfad seit seinem 19. Lebensjahr. 1991 zog er mit seiner Familie nach Nordkalifornien und gründete dort das Golden Sufi Center (www.goldensufi.org). Er hat zahlreiche Bücher zum Thema Traumarbeit verfasst und sich insbesondere darauf spezialisiert, die althergebrachte Sufi-Methode der Traumdeutung mit den Erkenntnissen zeitgenössischer Psychologie zu verbinden. Seit dem Jahr 2000 liegt der Schwerpunkt seines Schreibens und Lehrens auf der spirituellen Verantwortung in der heutigen Zeit des Übergangs und dem erwachenden globalen Bewusstsein der Einheit. Seine neuesten Bücher befassen sich mit dem Weiblichen und der *Anima Mundi* (Weltseele)

und spiritueller Ökologie (www.workingwithoneness.org und www.spiritualecology.org). Llewellyn Vaughan-Lee trat in der Fernsehserie *Global Spirit* auf und wurde von Oprah Winfrey in der Serie *Super Soul Sunday* interviewt.

HILARY HART ist Autorin von Büchern über Mystik mit dem Fokus auf Frauen und das weibliche Bewusstsein. Sie ist seit 1998 auf dem Sufi Pfad. Ursprünglich aus New England, lebt Hilary Hart heute in Taos, New Mexico. Zu ihren Publikationen gehören *Body of Wisdom: Women's Spiritual Power and How it Serves* und *The Unknown She: Eight Faces of an Emerging Consciousness.*